Hans Gsellmann

NATIONALPARKS DER USA

Hans Gsellmann

NATIONALPARKS DER USA

Akademische Druck- u. Verlagsanstalt
Graz/Austria

Mount Rainier
WASHINGTON
MONTANA
NORTH DAKOTA
MINNESOTA
MAINE
OREGON
Crater Lake
IDAHO
Yellowstone
Devils Tower
WYOMING
SOUTH DAKOTA
WISCONSIN
MICHIGAN
NEW YORK
V.T.
N.H.
MASS.
CONN.
R.I.
New York
Statue of Liberty
N.J.
PENNSYLVANIA
NEVADA
UTAH
NEBRASKA
IOWA
ILLINOIS
INDIANA
OHIO
Arches
Yosemite
Death Valley
COLORADO
KANSAS
MISSOURI
WEST VIRGINIA
VIRGINIA
MD.
DEL.
Bryce Canyon
Sequoia
Mesa Verde
KENTUCKY
CALIFORNIA
Grand Canyon
Monument Valley
Aztec Ruins
NORTH CAROLINA
TENNESSEE
Canyon de Chelly
Joshua Tree
OKLAHOMA
Petrified Forest
Chaco Canyon
ARIZONA
NEW MEXICO
ARKANSAS
SOUTH CAROLINA
MISSISSIPPI
ALABAMA
GEORGIA
White Sands
TEXAS
LOUISIANA
FLORIDA
Everglades
ALASKA
Denali
Katmai
Glacier Bay
Kauai
Oahu
Maui
Haleakala
Hawaii
HAWAII
Hawaii Volcanoes

INHALT

VORWORT

Hans Gsellmann hat einen großen und wichtigen Teil seines Lebens in den Nationalparks der USA verbracht. Wenn er einen Park betritt, verläßt er die Zivilisation und wird (zusammen mit seiner Kamera) eins mit der Natur. Er wird eins mit dem Park wie die Schwarzbären im Yosemite oder die Mammutbäume im Sequoia-Nationalpark.

Glücklicherweise kehrt Herr Gsellmann von Zeit zu Zeit in die Zivilisation zurück und vermittelt uns seine Liebe zu und seinen Respekt vor der Natur und seine Bewunderung für diejenigen, deren Vision und Hartnäckigkeit die Idee des Nationalparks hervorbrachten. Er lädt den Leser mit Wort und Bild zu Ausflügen in die Parks ein. Jeder Park hat seine Geschichte und seinen ganz eigenen Charakter, den Hans Gsellmann plastisch beschreibt.

Da auch der professionelle Fotograf nicht über Sonne und Wolken gebietet, kampiert Hans Gsellmann, wenn es sein muß, auch drei Tage im Regen im Denali-Park mit seiner ganzen Familie, um genau das Bild zu schießen, das er möchte. Oder er „bestich" einen Polizisten an der Golden Gate-Brücke, um von der Spitze des Pfeilers *das* Bild von der Brücke zu machen, das in der Welt am häufigsten reproduziert wird. Die Ausdauer in Kombination mit dem Auge und dem Geschick des Fotografen erklärt die hohe Aussagekraft der Bilder in diesem Band.

Was in diesem Band fehlt und was Besucher der Amerika-Häuser in Deutschland und anderswo seit Jahrzehnten kennen, sind Hans Gsellmanns Farb-Lichtbildervorträge in Panoramaprojektion. Er hat Tausenden von Besuchern sein Bild von Amerika mit Witz und Selbstironie vermittelt und es mit kleinen Prisen liebevoller Kritik an mancher amerikanischen (und österreichischen oder deutschen) Maßlosigkeit, Exzentrik oder Achtlosigkeit angereichert. Wir sind dem österreichischen Steirer und Amerika-Freund für seine wertvollen Beiträge zu den deutsch-amerikanischen Beziehungen seit Jahrzehnten dankbar.

William F. Sheldon
Direktor
Deutsch-Amerikanisches Institut, Amerika-Haus Nürnberg
Februar 2002

EINLEITUNG

Eine Idee wird geboren

Einen bedeutenden Abschnitt der amerikanischen Geschichte bilden jene Jahrzehnte, in welchen die Nation westwärts drängte und sich dabei entscheidend formte. Romantisch verklärt oder ungeschminkt liefert jene Zeit bis zum heutigen Tage unerschöpflichen Stoff für Filme und Romane. Unter dem Überbegriff „Der Wilde Westen" haben sich Millionen Menschen mit jener Zeit beschäftigt. Für viele tat sich mit diesen Filmen ein erster Einblick in die amerikanischen Landschaften auf.
Ausgelöst hatte diese Westwärtsbewegung der dritte Präsident der damals noch jungen USA, Thomas Jefferson. Spanien besaß auf dem amerikanischen Kontinent ein riesiges Gebiet, das vom Mississippi bis zu den Rocky Mountains reichte. Nach seinem Machtantritt zwang Napoleon 1799 Spanien, diese Gebiete an Frankreich zu übergeben. Für Napoleons Pläne zum Aufbau eines nordamerikanischen Reiches waren diese Gebiete wichtig. Nun saß den 13 US-Bundesstaaten, die im Unabhängigkeitskrieg aus den britischen Kronkolonien hervorgegangen waren, Frankreichs Macht im Nacken. Und dies unter dem kriegslüsternen Napoleon I. Für Jefferson und viele Amerikaner war das ein unerträglicher Gedanke. Jefferson wäre damals gegen die Franzosen in den Krieg gezogen, hätten seine Emissäre in Paris nicht Napoleon dazu gebracht, das Gebiet friedlich, für 15 Millionen Dollar, den Amerikanern zu überlassen. Der historische Augenblick stimmte, Napoleon brauchte Geld für einen bevorstehenden Krieg gegen England.
Der Kauf ging als der „Louisiana Purchase" in die Geschichte ein. Das Staatsgebiet der USA war über Nacht verdoppelt! Kaum war der Kauf getätigt, ging Jefferson daran, seinen Traum in die Tat umzusetzen, nämlich eine Expedition auszusenden, die die Gebiete westlich des Mississippi erforschen sollte. Das Ziel war, eine praktikable Route über Land oder eine Fluß-Land-Verbindung zum Pazifik zu erkunden. Dies zum Zwecke „späterer wirtschaftlicher Entwicklung". Nur wenige Visionen amerikanischer Präsidenten fanden eine solch nachhaltige und für die Entwicklung der Nation so bedeutende Erfüllung! Dem Unternehmen konnte kein besserer Name gegeben werden als „Far West Expedition". Meriwether Lewis und William Clark waren die Führer der Expedition, die in den Jahren 1803 bis 1806 den Kontinent zweimal durchquerten. Damit wurden die Konturen des Kontinents auf dem Gebiete der USA erstmals sichtbar. Ihre mühselig erkämpfte Route sollte zum High Way einer rasanten Entwicklung der USA werden.
Der Weg war gebahnt. Der Aufbruch begann mit Vehemenz. Die große Lockung des unbekannten Westens und die immense Herausforderung schwemmte Massen von Abenteurern in die Weiten amerikanischer Landschaften. Der über drei Generationen nicht versiegende Menschenstrom glich einer Flutwelle, die alle Hindernisse überrannte. Als größtes unter ihnen sollten sich bald die dort lebenden Indianervölker herausstellen. Der Far West Expedition und der Vorhut der westwärts ziehenden Massen, die nachfolgten, standen sie noch hilfreich zur Seite. Als die Indianer aber erkannten, daß die Fremden nicht weniger wollten als das Land auf dem sie lebten, begann Blut zu fließen.
Der wirtschaftliche Aufschwung, der aus der Eroberung des Westens sproß, rekrutierte immer mehr Einwanderer aus Europa, Asien und vielen anderen Ländern der Welt. Diese multinationale Schar von opferbereiten, mutigen Menschen einte ein Wunsch: etwas zu finden, von dem man leben, vielleicht sogar reich werden konnte. Viele erreichten dieses Ziel.

Man könnte meinen, der Wettlauf vom mit europäischen Traditionen beladenen Osten in die wilde Freiheit des Westens hätte die Menschen blind machen müssen für die Schönheit der Natur, durch die ihre mühseligen Wege führten. Dem war nicht so. Einzelpersonen, dann kleine Gruppen, erhoben zunächst überhörte Stimmen, daß man nicht alles in der Natur jetzt und für sich selbst verbrauchen dürfe. Im Lärm der Goldrushs, beim Fällen der Riesensequoien, in den vielen Bergwerken mußten solche Stimmen ungehört bleiben. Der Umwelthistoriker Roderick Nash schreibt: „Den landhungrigen Europäern erschien die Neue Welt wie ein Candy store with no look on the door ...", und weiter „... Umweltbewußtsein war das letzte in ihrem Denken, als sie die unendlichen Weiten des Westens sahen ..." Der Nachhut der westwärts Ziehenden dämmerte die Erkenntnis, daß sich der „Candy store" einmal doch leeren könnte. Allmählich wurden die Stimmen gehört, die den Schutz des einen oder anderen Naturwunders forderten, auf das man gestoßen war. Das „National Monument" entstand, eine Form des Schutzes, über den allein der Präsident entscheiden konnte - und bis zum heutigen Tag ist dies so. Einen Unterschied zu früher allerdings gibt es: Heute entscheidet auch der Wähler mit, denn ein Präsident, der ein „National Monument" aufgeben würde, beginge politischen Selbstmord. Keinem National Monument droht Gefahr.

In der zweiten Hälfte des 19. Jahrhunderts greift der Gedanke des Landschaftsschutzes immer mehr um sich, gewinnt immer mehr Anhänger. Unbeeinflußt vom Bürgerkrieg und den Indianerkriegen bereitet sich eine Ära vor, in der Naturschutz in vielen Fällen vor wirtschaftliche Interessen gestellt wird. Wenn dies auch nicht immer kampflos geschehen konnte. Im Jahre 1864 schuf Abraham Lincoln mit dem Schutz des Yosemite Valley das erste „National Monument". 1872 wurde diese Entwicklung mit der Proklamation des Yellowstone Nationalparks gekrönt.

Vom allerersten Anfang an war diese Entwicklung auf das engste mit der Fotografie und auch der Landschaftsmalerei verbunden. Naturfotografie war das Medium, mit dem man Menschen für den Gedanken, eine Landschaft zu schützen, sensibilisieren konnte und Behörden zum Handeln brachte. Die großen Naturfotografen wie Charles L. Weed, der die ersten Landschaftsbilder vom Yosemite brachte, und William Henry Jackson, dessen Bilder auslösend für die Gründung des Yellowstone Nationalparks waren, wurden zu Geburtshelfern der Nationalparkidee. Die Entwicklung verlief parallel, Naturfotografie und Nationalparkwesen förderten sich gegenseitig. Berühmt gewordene Namen verbinden sich mit berühmt gewordenen Nationalparks: Carleton Watkins, John Hillers, Laura Gilpin, Edward Muensch. Zu den kostbarsten Schätzen der amerikanischen Landschaftsmalerei mit engem Bezug zu den Nationalparkgebieten zählen die Werke von Albert Bierstadt und Thomas Moran. Im Visitorcenter des Yellowstone Nationalparks kann man die großformatigen Bilder Jacksons bewundern, gleichzeitig aber auch die Mühe erkennen, unter der solche Bilder entstanden sind. Das war keine beschwingte Knipserei, sondern harte Arbeit. Die Landschaftsfotografen jener Frühzeit schleppten ja noch das Dunkelkammerzelt mit sich. Zum riesigen Fotoapparat kamen die schweren Glasplatten. Vor der Aufnahme wurde die Schicht auf das Glas gegossen, nach der Aufnahme im Dunkelkammerzelt sofort entwickelt und fixiert. Das Stativ mußte schwer und stabil sein, denn die Belichtungzeiten reichten anfangs von 10 Minuten bis zu einer Stunde. Unter diesen Umständen sind ergreifende Aufnahmen entstanden, die jene noch total unberührten Landschaften zeigen. Durch die Idee des Nationalparks sind uns auch heute noch Blicke erlaubt, wie sie jenen begnadeten Künstlern damals beschert waren.

Der erste Nationalpark war proklamiert, viele sollten folgen. Ein nicht endender Lernprozeß war in Gang gesetzt. Die erste Erkenntnis war wohl jene, daß nicht alle Menschen diese idealistische Einstellung teilten. So mußte auch in den ersten 30 Jahren des Bestehens des Yellowstone Nationalparks die Armee den Schutz und die Verwaltung übernehmen. Denn nur die Armee hatte die Autorität, klar zu machen, daß man hier nicht nach Gold suchen durfte, man sich kein Land nehmen konnte, ja nicht einmal das Jagen war erlaubt. Das Parkgelände – und das blieb zunächst so manchem unbegreiflich – war Land, das nur zum Anschauen da war, Land, das man – so wie es war – für Menschen erhalten wollte, die noch lange nicht geboren waren.

Auch die Nationalparkbehörde selbst mußte viel lernen. Die komplexen Zusammenhänge des Ökosystems waren noch weitgehendst unbekannt. Noch um 1930 jagten Parkranger „böse" Tiere, die die „guten" bedrohten. Im Yosemite Park wurden Spechte geschossen, die mit ihrem Lärm Hotelgäste im Schlaf störten. Bis um 1940 fütterten im Yellowstone die Parkranger zum Gaudium der Touristen Bären. Später mußte man die Tiere wegen ihrer gefährlichen Zutraulichkeit gegenüber den Menschen töten.

Die permanente Möglichkeit des Nationalparkpersonals, die Natur zu beobachten und intensiv und ungestört forschen zu können, schuf ein Wissenspotential, das weit über die Parkgrenzen hinaus zu wirken begann.

Die schwierige Zukunft der amerikanischen Nationalparks hat längst begonnen. Das Hauptproblem ist die große Zahl der Besucher, die immer noch steigt. Die größte Herausforderung für die Nationalparkbehörde besteht heute darin, den vielen Besuchern die Naturwunder zu zeigen, ohne sie dabei zu zerstören. Der nächste Schritt wird in naher Zukunft zwangsläufig der autofreie Nationalpark sein. Im Grand Canyon Nationalpark sind viele Bereiche nur noch mit dem Shuttle Bus zu erreichen. So auch im Denali-Park und im Yosemite. Das ist die Zukunft.

Eine gewaltige Spanne an Veränderungen und Entwicklung ist über die Nationalparks hinweggegangen seit jenem 8. März 1872, dem Tag, an dem der Yellowstone proklamiert wurde. Wenn wir uns vor Augen halten, in welchem Maße sich Landschaften außerhalb der Parks durch den Eingriff des Menschen oftmals bis zur Unkenntlichkeit verändert haben, wird man die Nationalparkidee als eine der großen des 19. Jahrhunderts würdigen.

In diesem Buch will ich mich nicht allein auf Nationalparks beschränken, sondern auch National Monuments mit einbeziehen. Mit dem „Nationalpark der Navajos" – dem Monument Valley – ist auch ein „Tribal Park" vertreten.

Das Statue of Liberty ist das kleinste National Monument der USA.

STATUE OF LIBERTY

Auf Liberty Island, in der Hafeneinfahrt von New York, kurz vor dem Zusammenfluß von Hudson und East River, den beiden Flüssen, die Manhattan umschließen, steht die insgesamt 93 m hohe Freiheitsstatue. Das weltberühmte Symbol der Freiheit grüßte Millionen von Einwanderern, von denen wohl die meisten bettelarm und verängstigt an der strahlenden Erscheinung vorbeisegelten. Ehe sie ihr neues Leben im Land der unbegrenzten Möglichkeiten beginnen konnten, mußten sie im nur einen Kilometer entfernten Ellis Island der Einwanderungsbehörde Rede und Antwort stehen. Erst dann konnten sie hinausschwärmen in die Weiten Amerikas. Die multinationale und multikulturelle Immigrantenschar erfüllte Amerika mit neuen Impulsen.

Der französische Bildhauer Frédéric-Auguste Bartholdi, der das gigantische Werk aus Stein und Kupfer schuf, hatte die altrömische Göttin Libertas zum Vorbild genommen. Libertas verkörperte im alten Rom die persönliche und die staatliche Freiheit. Ihre Attribute sind das Zepter und die von den freigelassenen Sklaven getragene Filzkappe. So ist die Göttin auf römischen Münzen des 3. Jh.s v. Chr. zu sehen. Bartholdi gab der Statue of Liberty Gesetzestafeln in die Linke, während die Rechte eine Fackel trägt. Das Diadem ist ebenso Dornenkone wie verklärender Strahlenkranz. In den Tafeln sind die Worte eingraviert: „Liberty Enlightening the World".

Frédéric-Auguste Bartholdi lieferte die Idee und die aufwendige Ausführung gratis. Die Freiheitsstatue sollte ja ein Geschenk der französischen Nation sein, in Erinnerung an die Verbundenheit der beiden Staaten während der amerikanischen Revolution. Ohne massive Spenden aus den USA wäre dieses Werk jedoch wohl nie zustandegekommen.

Vor allem durch die Werbung, die Joseph Pulitzer mit seiner Zeitung „New York World" betrieb, wurden endlich die fehlenden hunderttausend Dollar aufgebracht. Danach konnte sich die Freiheitsgöttin – in 220 Kisten verpackt – auf die Reise nach Amerika machen. Also auch eine Emigrantin.

Die Höhe des 47 m hohen Felssockels war leicht zu erreichen, die Errichtung der 46 m hohen Statue selbst aber stellte für jene Zeit eine ungeheuerliche technische Leistung dar, die von vielen als ein Projekt des Größenwahns angesehen wurde. Eine komplizierte, millionenfach verschraubte Eisenkonstruktion trägt die zahllosen gehämmerten Kupferplatten, die den Faltenwurf der Senatorentoga bilden.

Die technische Leistung war glänzend gelungen, bei der Einweihungsfeierlichkeit am 28. Oktober 1886 gab es jedoch eine Panne: Mitten in der Festrede fiel, eines falschen Kommandos wegen, die Hülle. Zum erstenmal strahlte die Statue of Liberty hinaus in die Welt.

Die „Statue of Liberty" wurde im Jahr 1924 zum National Monument erklärt und 1933 dem Nationalpark-Service eingegliedert. Liberty Island ist winzig, nicht viel mehr als ein Rasenstück für den Steinsockel, auf dem die Statue steht. Es ist das kleinste National Monument der USA, aber mit rund fünfeinhalb Millionen Besuchern pro Jahr übertrifft es die größten Nationalparks des Landes.

Alaska ist „bärig"! In allen Wäldern Alaskas, an allen Stränden, auf den Bergen und in den Tundren des Nordens sind Begegnungen mit Bären – erwünscht oder unerwünscht – zu erwarten.

ALASKA

Als Hort großer und ungewöhnlicher Nationalparks ist Alaska unter den Bundesstaaten der USA ein beispielhaftes Vorzeigeland.
In 111 Regionen ist seine Natur durch Nationalparks, Provinzparks, National Monuments und andere Maßnahmen unter Schutz gestellt. Darunter befinden sich Parks mit riesenhafter Ausdehnung wie z. B. der Denali-Park. Alles in allem sind es 420 000 km^2 geschützter Landschaften! Man könnte annehmen, daß die Errichtung solch riesiger Naturschutzgebiete in einem so unermeßlich weiten Land mit einer so geringen Bevölkerungsdichte leicht möglich sei. Aber auch hier hat es harte Kämpfe gegeben, um den Schutzgedanken gegen Landspekulation und industrielle Interessen durchzusetzen.
Alaska umfaßt rund eineinhalb Millionen km^2 Fläche, das entspricht 18mal der Größe Österreichs, oder mehr als 4mal jener Deutschlands. Dieses Riesenland beherbergt jedoch weniger als 500 000 Einwohner! Alaska ist ein großes Land mit Flüssen, Seen und Bergen, die sich in wundervoller landschaftlicher Harmonie zusammenfügen. Der Yukon River windet sich 2300 km durch die alaskische Wildnis, der größte See des Landes, der Iliamna, breitet sein klares Wasser auf einer Fläche von 2600 km^2 aus. Und über dieses wilde Land erhebt sich mit 6194 m Nordamerikas höchster Gipfel, der Mt. McKinley, den die Ureinwohner Denali nennen. Einen weiteren Höhepunkt in Alaskas Natur bilden die Tausende Kilometer langen Küsten. Hier gibt es, wie in der Yacutat Bay, Weltrekorde! Nirgendwo sonst auf der Erde, nur hier in dieser einen Bucht, ragt ein Berg, der Mt. St. Elias, von Meeresspiegelhöhe direkt hinter der Küste 5489 m empor. Nur der flache, 113 km lange Malaspina-Gletscher trennt den Bergfuß von den Brandungswellen des Golfs von Alaska.

Der Weg Alaskas in die Geschichte
Vitus Bering, den Zar Peter der Große ausgesandt hatte, um den Weg nach Amerika zu finden, sichtete am 16. Juli 1741 einen Gletscherriesen und benannte ihn nach dem Erzengel St. Elias. Damit gilt Bering als der Entdecker Alaskas. Aber streng genommen ist er es nicht. Denn einen Tag zuvor, am 15. Juli jenes Jahres, erreichte das russische Schiff „St. Paul" unter der Führung von Alexis Tchirikov die nebelige Küste.
Tchirikov schreibt in seinem Bericht: „Um zwei Uhr früh machten wir einige sehr hohe Berge aus. Da das Licht zu diesem Zeitpunkt nicht sehr gut war, blieben wir an der Stelle. Eine Stunde später war das Licht besser, und wir konnten auch Bäume erkennen. Das muß Amerika sein, wenn wir unsere Position erwägen. Denn wir waren zu dieser Stunde 55° 21′ N und 61° 55′ von Null." Es war Amerika! Alaska trat in die Geschichte ein, die zunächst russische Geschichte war.
37 Jahre später, am 26. April 1778 segelte James Cook unter dem Mt. St. Elias in diese Bucht, auf seiner vergeblichen Suche nach einer Durchfahrt vom Pazifik zum Atlantik, der heiß umkämpften Nordwest-Passage. Im Fjordschluß benannte er einen 4200 m hohen Eisgipfel nach sich selbst und wendete wieder. Dieses Denkmal, das sich Cook an der Alaskaküste setzte, ragt ebenfalls vom Meeresspiegel in einer einzigen, steilen Gletscherwand zu seiner imposanten Höhe empor.
Die Küste Alaskas, deren Tundrastrände im Norden sie über weite Strecken von dichten Wäldern fast unbetretbar macht und die von Eisriesen gesäumt wird, ist vor allem ein hinreißend schöner „Tiergarten". Auf den unzählbare Eisschollen vor den Gletscherstränden liegen Zehntausende

Seehunde und Seelöwen. Millionen von Seevögeln treiben in den Buchten auf dem Wasser oder erfüllen die Luft mit ihrem Gekreische. Das ist hautnahes Erleben einer vor Vitalität strotzenden Natur. Die Wunde, die der Unfall des Tankers „Exxon Valdez“ dieser Küste auf einer Länge von mehr als 1000 km gerissen hat, ist vernarbt. Mein Panoramabild der Seelöwen, ein winziger Ausschnitt aus der großen Anzahl, die ich in Prinz William Sound fotografierte, genau dort, wo die Ölkatastrophe ihren Ausgang nahm, kann dies beweisen.

Wie viele Küsten der Welt haben ihren Zauber, ihre Natürlichkeit verloren, indem sie ihrer Tierwelt beraubt wurden. In Alaska kann man noch – und wieder – an vielen Küstensäumen den Eindruck gewinnen, daß es dort nie mehr Tiere gegeben haben kann. Doch wie müssen die Strände ausgesehen haben, als Vitus Bering mit seiner Entdeckung Alaskas die russische Ära einleitete? „Russisch-Amerika“, wie Alaska genannt wurde, war eine Schatzkiste, zum Bersten gefüllt. Aber den Russen, die nie landeinwärts vordrangen, blieben alle Schätze verborgen, bis auf den einen, der in riesiger Anzahl lebendig an den Küsten lag. Millionen von Seeottern wurden abgeschlachtet. Unvorstellbarer Reichtum floß in die Kassen der Aktionäre des russischen Pelztierhandels. So viele Pelztiere bevölkerten die Küste, daß die Russen über 100 Jahre brauchten, um den Reichtum dieser Landstriche bis zum Ende auszubeuten. Erst danach konnte sich die Geschichte Alaskas weiterentwickeln, die im Jahre 1867 im Kauf Alaskas durch die USA gipfelte.

Alexander Baranov, Rußlands ungekrönter Kaiser in Alaska, der erfolgreiche Manager der russischen Pelztierkompanie, hatte von Sitka aus Alaska fest im Griff. Es herrschten Ordnung und Recht. Als nach rund zehnjährigen Verhandelungen die USA einwilligten, Alaska doch zu kaufen, brach für ihn eine Welt zusammen und auch für viele Russen, die in Alaska geboren waren. Für sie war die Heimat verkauft worden. Nun folgten ein paar Jahrzehnte der Rechtlosigkeit. Ein Goldrausch löste den anderen ab. Die Abenteurer lebten nach dem Recht, das sich jeder selbst verschaffen konnte. 45 Jahre nach dem Kauf wurde Alaska zunächst einmal zum Territorium erklärt. Damit setzte sich allmählich das amerikanische Recht durch. Im Jahre 1959, 92 Jahre waren seit dem Kauf vergangen, wurde Alaska zum 49. Bundesstaat erklärt. Die „Lower 48“, wie die Alaskianer spöttisch die 48 Bundesstaaten, die zwischen Mexiko und Kanada liegen, zu nennen pflegen, hatten lange gebraucht, um den Wert der Wildnis Alaska zu erkennen.

Alle, die die Frühzeit in Alaska erlebten, beschreiben vor allem die Küstendörfer im Südosten Alaskas als besonders malerisch. In den Buchten standen im Schatten des Grüns der Regenwälder die Hütten, und neben oder vor den Hütten waren die Totempfähle der Haida- oder Tlingit-Indianer aufgerichtet.

Seefahrer wie Cook, Vancouver und später die Händler, die vor den Küstendörfern ankerten, beschreiben diese Stelen, die jedoch fast immer falsch gedeutet wurden. Denn natürlich sah man in den eindrucksvollen Schnitzwerken Objekte der religiösen Verehrung. Dies aber stellte sich als Mißverständnis heraus. Totems sind geschnitzte Geschichte. Häuptlingspersönlichkeiten, Clans und Stämme hielten besondere Ereignisse, Taten und Leistungen in dieser Weise der Nachwelt in Erinnerung. Die dichten Küstenwälder mit den prächtigen Hölzern haben die materielle Kultur der hier lebenden Völker, vor allem der Haida und der Tlingit

beeinflußt. Das hohe künstlerische Niveau der Holzschnitzarbeiten ist ein eindrucksvolles Beispiel dafür.
Im Sitka Historical National Park hat man eine ansehnliche Zahl von Totems zusammengetragen und sehr schön zu Schau gestellt. Immer mehr Originale müssen unter Dach aufgestellt werden, um dem häufigen Regen an dieser Küste nicht bis zur totalen Verwitterung ausgesetzt zu sein. Repliken treten an ihre Stelle. Mit der Herstellung solcher Duplikate ist sowohl in British Columbien wie auch in Alaska eine neue Generation von Künstlern aufgetreten, die mit großer Kreativität Kunstwerke schafft, die weit über bloße Nachbildungen hinausreichen. Zudem hat sich durch den Tourismus für die alaskischen Holzschnitzer ein neuer Markt aufgetan. Dadurch hat die im kulturellen Leben der Küstenvölker so bedeutende Kunst neue Impulse empfangen.

DENALI-NATIONALPARK

Neun Wochen Alaska gingen zu Ende. Neun Wochen Bergsteigen, Kanufahrten, Wildnis – und nun wollten wir zum Abschluß noch den Mt. McKinley sehen. Wir wollten zu den 20 % der Parkbesucher gehören, die ihn tatsächlich zu Gesicht bekommen. Denn 80 % rumpeln vergebens im Shuttlebus die weite Strecke vom Parkeingang bis zum Wonder Lake hinein und sehen den Berg nicht. Also stellte ich unser Zelt hier auf und wartete. Prof. Stefan Kruckenhauser, der legendäre Schipapst vom Arlberg und Leica-Fotopionier, mein großes Vorbild, sagte einmal zu mir: „Die besten Sachen sind dahockt und net darennt ...“. Oft hielt ich mich an diesen Leitspruch, wenn ich mit Geduld „Sachen“ erwartete, die dann vielleicht doch nicht eintrafen. Aber am Wonder Lake war es besonders schwer, dem Rat zu folgen. Denn mit der ganzen Familie hauste ich vier Tage bei Regen und Nebel im Zelt. Kam Windstille auf, konnten wir uns der Moskitos, die in der sumpfigen Taiga am Wonder Lake besonders groß, lästig und aggressiv sind, nicht erwehren. Noch ein Tag und noch ein Tag usw. Am 5. Tag riß es auf. Nun ging alles so schnell. In kürzester Zeit war der Himmel blau, kein Lufthauch regte sich. Das kaum noch zu erhoffen gewagte Traumbild entfaltete sich vor uns, der Mt. McKinley spiegelte sich in einem kleinen Tümpel vor dem Wonder Lake.
Auch bei meinen anderen Aufenthalten im Denali-Park hatte ich immer das Glück, den Berg zu sehen. Aber diese Stunde am Wonder Lake wiederholte sich nie mehr wieder. Wenn man das Foto betrachtet, dann muß man sich vor Augen halten, daß der Bergfuß in 600 m Höhe liegt und der Gipfel 6194 m hoch ist. Somit weist der Mt. McKinley einen der größten relativen Höhenunterschiede aller Berge der Welt auf.
Die Indianer nannten den Berg vor urdenklichen Zeiten „Denali“ – „der Hohe“. Die überwältigende Erscheinung des Bergriesen schlägt jeden Betrachter in ihren Bann. Der mächtige Eisdom war den Indianern ein heiliger, gefürchteter und gemiedener Ort. Wie oft mochte sich der Berg den Indianern, den Athabasken in makelloser Schönheit gezeigt haben? Doch hatten sie auch ein Auge dafür? Sie jagten nach Karibus, Elchen und Bergziegen. Sie sammelten den Reichtum an Beeren, Wurzeln und Pilzen ein. Ob diese Menschen damals einen Berg wie den Denali – wie sie ihn nannten – als schön empfinden konnten oder nur als ehrfurchts-

gebietenden Platz ängstlich betrachteten? Das werden wir wohl nie erfahren, denn von jenen frühen Alaskianern sind nur ein paar Pfeilspitzen auf uns gekommen.
Nach der sommerlichen Jagdzeit zogen die Stämme in tiefer gelegene Flußtäler, um dort der Winterkälte zu entgehen, die der hohe Berg wohl um sich verbreitete.
Auch der Denali-Park, der zunächst Mt. McKinley hieß, ist das Ergebnis einer Vision einiger Menschen, die in jenen Zeiten den Weitblick bis in unsere Tage besaßen. Das klingt zwar unglaublich, lebten doch zu Beginn des 20. Jahrhunderts so wenige Menschen in Alaska - Indianer, Eskimos und wenige Weiße in den spärlich gesäten Siedlungen inmitten der Unendlichkeit aus Gebirgen, Taiga und Tundren. Wie sollte hier einmal der Lebensraum für den einzelnen eng werden, die Tierwelt bedroht sein?
Charles Sheldon, Naturforscher, Jäger und Naturschützer, erkannte früh die Gefahr für die Tiere im Gebiet des späteren Parks. Denn immer häufiger kamen Berufsjäger aus Fairbanks, um Bären und anderes Großwild, vor allem Elche zu schießen. Dazu gab es noch die Camps der Arbeiter, die die Alaska-Eisenbahn bauten. Ihre Lieblingsbeschäftigung in der Freizeit war ebenfalls die Jagd.
Viel Zeit und Mühen verwandte Sheldon darauf, die passenden Grenzen für den geplanten Nationalpark zu erkunden. Ihm ging es dabei nicht um den Mt. McKinley, sondern um ein Refugium für die Tiere. Als Mann der High Society konnte er auch eine Lobby für den Nationalparkgedanken aufbauen, und im Jahre 1917 wurde der Mt. McKinley-Nationalpark vom Congress etabliert. Der Wunsch Sheldons wäre es gewesen, den Nationalpark Denali-Park zu nennen. Dieser Wunsch wurde ihm zu seinen Lebzeiten verwehrt. Im Jahre 1980 jedoch wurde der Park vollständig umgebaut. Das Gebiet wurde - wie schon zuvor - nochmals vergrößert, und der Name wurde in Denali-Nationalpark geändert!
Die Entwicklung geht weiter. Immer mehr Menschen kommen in die Nationalparks, um die gepriesenen Naturwunder selbst zu sehen. Das Problem besteht darin, den Menschen diese Wunder zu zeigen und sie gleichzeitig zu bewahren. Eine fast unlösbare Aufgabe. Im Denali-Park wird schon seit langem die Zukunft geprobt. Wer im Park keinen Zeltplatz erhält - und von diesen stehen nur wenige zur Verfügung -, kann nicht mit dem eigenen Auto in den Nationalpark fahren. Dann bleibt nur der Shuttlebus. Dieser startet frühmorgens am Parkeingang und beginnt die lange, ratternde Fahrt. Es sind 136 km rauhe Schotterstraße bis zum Wonder Lake. Also tour-retour 272 km. Und das sind wunderbare 272 km! Im gelben Schulbus, der schon in „Bus Stop" mit Marilyn Monroe mitgespielt haben mochte, entstand aus den zufällig zusammengewürfelten Nationen schnell eine fröhliche Gemeinschaft. Sarah, die Fahrerin, brachte uns bei, daß, wenn sie 12 Uhr riefe, die Fahrtrichtung des Busses gemeint sei, 9 Uhr wäre links, 3 Uhr rechts. So sollten wir schnell die Tiere erspähen können, die sie uns zeigen wollte.
Müde und noch verschlafen ratterten wir um 5 Uhr früh vom Visitorcenter am Parkeingang los. Die Devise wurde ausgegeben: „geweckt wird erst ab 10 Bären". - Große Aufregung kam auf, als am Sable-Paß tatsächlich plötzlich Bären die blumenreichen Wiesen zur Straße herauftrotteten. Einer von ihnen schruppte sich an einer Eisenstange den Rükken. Die Stange trug eine Tafel, die - mit dem Bild eines Bären - Wild-

wechsel ankündigte. Ein solches Motiv gibt es in Alaska auf Postkarten zu kaufen. Ich dachte immer, dies sei ein Jahrhundertschuß gewesen. Nun stand dieses Bild vor mir. Ich müßte nur noch abdrücken. Doch ich hatte ein Teleobjektiv an der Leica und konnte den Bären nur porträtieren. Er hatte eine Blume zwischen den Zähnen und hinter seinem Kopf ragte die Eisenstange hervor. Ich weiß, diese Fotochance kommt nie wieder. –
Der Denali-Park, und sollte sich der Berg auch nicht zeigen, bleibt immer ein Höhepunkt jeder Alaskareise.

GLACIER BAY-NATIONALPARK

Als im Jahre 1794 George Vancouver aus dem Golf von Alaska durch den späteren Cross Sound in das Gebiet der heutigen Glacier Bay segelte, war diese noch nicht einmal zu erahnen. Dort, wo sich heute diese herrliche Bucht mit ihren vielen Verzweigungen ausbreitet, lag vor zweihundert Jahren ein Riesengletscher, der 1300 m mächtig war. Die meisten Berge, die sich heute im mit Treibeis bedeckten Wasser spiegeln, lagen damals noch unter dem Gletschereis. Vancouvers Fahrt wurde etwa dort von einer gewaltigen Gletschermauer gestoppt, wo heute die Fahrten in die Glacier Bay beginnen.
In knappen hundert Jahren aber war der größte Teil des Gletschers abgeschmolzen und verschwunden. Die rundlichen, vom Eis abgeschliffenen Uferberge kamen zum Vorschein. An keinem anderen Punkt der Erde hat es in historischer Zeit einen solch rapiden Gletscherrückgang gegeben wie in der Glacier Bay.
Die herrlichen Gletscher, die heute aus den Verzweigungen der Glacier Bay blinken oder direkt in die Bay münden, sind Reste einer Zwischeneiszeit, die ungefähr vor 4000 Jahren begann und 1750 ihre größte Ausdehnung erreichte. Danach setzte der rasche Rückzug ein. Diese kleine Eiszeit erreichte natürlich nicht die Ausmaße der kontinentalen Vergletscherung des Pleistozän.
Heute gibt es in der Glacier Bay 16 Gletscher, die noch das Meer erreichen, sogenannte „Tidewater Glaciers“. 12 dieser Gletscher sind so aktiv, daß sie in ziemlich kurzen Abständen Eisberge produzieren. Eine solche „Eisshow“, wie ich das nennen möchte, kann man kaum anderswo so schön sehen wie in der Glacier Bay. Einer der produktivsten unter den Kalbungsgletschern ist der „John Hopins“. An seiner Stirnfront erfolgen so viele Eisstürze, daß Schiffe kaum näher als 3 bis 4 km herankommen. Vor dem Gletscherende nämlich treiben solche Massen von Eisstücken, daß ein Vorwärtskommen nicht möglich ist. Außerdem ist diese Treibeiskonzentration der bevorzugte Platz zur Aufzucht junger Seehunde. Unerreichbar für alle Feinde, ob Mensch oder Tier, liegen dort die Babys auf dem Eis. Das Fernglas zeigt Tausende.
Dort, wo die Glacier Bay mit dem schmalen Tarr Inlet am weitesten landeinwärts reicht, liegt die Grenze zwischen Kanada und den USA. Der Grand Pacific Glacier reicht gerade bis zur Grenze. Es ist nicht klar, ob sich der Gletscher weiter zurückzieht und man einmal mit dem Boot die Grenze passieren wird, oder ob der Gletscher weiter auf US-Gebiet vorstößt, wonach es zur Zeit aussieht. Diese Unberechenbarkeit des Grand Pacific sorgte in den zwanziger Jahren des vorigen Jahrhunderts für eine kurze diplomatische Verstimmung zwischen den miteinander

eng befreundeten Staaten. Bei Landvermessungen wurde die Grenzmarkierung am Ende des Gletschers vereinbart und entsprechend angebracht. Als Jahre später in dieser Wildnis wieder einmal nach dem Rechten gesehen wurde, stand das kanadische Grenzzeichen weit auf US-amerikanischem Gebiet. Der Streit war rasch beigelegt, als man den Übeltäter ausfindig gemacht hatte. Der Grand Pacific-Gletscher hatte in einem kurzen Vorstoß die kanadische Marke auf US-Gebiet vorgeschoben.

Manche Gletscher in der Region ziehen sich zurück, was dem weltweiten Trend der Gletscherwelt entspricht. Andere Gletscher im Gebiet des Nationalparks aber stoßen vor, wachsen an. Generell kann man sagen, daß die Gletscher an der Ost- und Südwestseite der Glacier Bay schrumpfen, während auf der Westseite einige Gletscher teils erheblichen Zuwachs verzeichnen.

Entdeckt wurde die Glacier Bay von der Galionsfigur der amerikanischen Naturschützer, John Muir. Muir war der erste Naturforscher, der – völlig hingerissen von der Unvergleichlichkeit dieser Gletscherwelt – die Glacier Bay intensivst erkundete. Er entdeckte auch den größten Kalbungsgletscher des Gebietes, der ihm zu Ehren Muir-Gletscher genannt wird. Sein Buch „Travels in Alaska" ist denn auch eine Pflichtlektüre vor und nach einer Reise in die Glacier Bay. John Muir konnte die Glacier Bay sozusagen im Urzustand erleben. Zwischen 1879 und 1899 hielt er sich fünf Mal an der Bay auf. In diesem Zeitraum vollzog sich gerade der rapideste Rückzug der Gletscher. Land tauchte aus dem Eis auf, bar allen Lebens. Muir war ein Zeitzeuge des Beginns der Wiederbelebung einer aus dem Eise emporgehobenen sterilen Welt! Die Glacier Bay wurde zum Forschungsfeld einer ganzen Reihe von Wissenschaftszweigen. Vor allem aber wurden diese schönen, gletschergesäumten Fjorde zu einem der eindrucksvollsten Naturschutzgebiete der USA. Die Glacier Bay ist mit allen Siegeln versehen, die in den USA im Naturschutz zur Verfügung stehen. Schon 1925 wurde das Gebiet zum National Monument erklärt. Zum Nationalpark avancierte die Glacier Bay dann 1980. Sechs Jahre später wurde der Nationalpark zur Biosphäre Reserve erhoben und 1992 auch noch zum Welterbe – World Heritage – ernannt.

Die vergleichsweise große Entlegenheit dieses Gebietes bedingt, daß die Besucherzahlen nie solche Rekordmarken erreichen werden, wie etwa im so beliebten Grand Canyon-Nationalpark.

Mit einem Boot durch die Glacier Bay zu kreuzen, bietet ein vielfältiges Naturerlebnis. Die Tierwelt bereitet überraschende Erlebnisse. So kann man etwa einen Humpback springen sehen, einen Bären am Ufer ausmachen, weiße Bergziegen hoch oben an kahlen Felsen entdecken – ganz zu schweigen von der Vielfalt der Vogelwelt!

Glacier Bay, das ist erlebte Ursprünglichkeit der Natur!

KATMAI-NATIONALPARK

Katmai, die bis dahin unbekannte Wildnis, trat im Juni des Jahres 1912 mit einem gewaltigen Paukenschlag in das Bewußtsein der Menschen. Damals explodierte der Novarupta-Vulkan. Was schwer vorstellbar ist, diese Eruption war zehnmal so stark wie jene des Mt. St. Hellens im Jahr 1980. Immerhin schoß der Mt. St. Hellens die gigantische Masse von

2 km³ Material als Riesenschrapnell in die Luft und verwüstete im weiten Umfeld die Landschaft. Das Ereignis wurde mit allen technischen Mitteln unserer Zeit dokumentiert, und das Studium dieses Naturereignisses begann in der Sekunde der Explosion. Bis zum heutigen Tage wird ein weites wissenschaftliches Feld immer noch aktivst bearbeitet. Der Kataklysmus am Novarupta-Vulkan vollzog sich ohne Publikum in menschenleerer Wildnis. Es ist auch kein einziger Mensch dabei zu Schaden gekommen. Wie groß müssen wohl die Opfer im Tierreich, in dieser von Wild wimmelnden Landschaft gewesen sein? Aschenwolken und Gase verfinsterten über Tage große Teile der nördlichen Hemisphäre. Das meiste Material, das in dieser gewaltigen Eruption über die Landschaft geschleudert wurde, stammte aus einer Kammer direkt unter dem Mt. Katmai. Als das gigantische Reservoir glühenden Materials unter dem Mt. Katmai herausgeblasen war, brach dieser in sich zusammen und formte einen gewaltigen Krater. Dieser Krater füllte sich bald mit türkisfarbigem Wasser, und ein Gletscher begann sich zu formen. Das ist der einzige Gletscher der Welt, von dem man das Geburtsdatum kennt. Aber das dauerte noch eine Weile. Zunächst waren rund 65 km² Land total verwüstet. Das Tal am Fuße des Mt. Katmai war mit einer 200 m dicken Aschenschicht überzogen. Das kalte Wasser darunter wurde aufgeheizt und zischte durch zahllose Spalten und Fissuren an die Oberfläche. Das Tal, das bis dahin keinen Namen gehabt hatte, sollte eines der berühmtesten Täler Alaskas werden. Als nämlich 1916 Robert Giggs eine Expedition der National Geographic Society in das Katmaigebiet führte, um die Auswirkungen der Explosion zu studieren, nannte er das Tal nach den unglaublich vielen kleinen und großen Dampfsäulen „Valley of Ten Thousend Smokes". Diesen Namen trägt das Tal auch heute noch, obwohl es kaum noch Dampf dort zu sehen gibt. Um dieses natürliche Laboratorium unverändert und ungestört studieren zu können, wurde das Katmaigebiet bereits im Jahre 1918 zum National Monument erklärt. 1980 erfolgte dann die Umwandlung in einen Nationalpark. Mittlerweile haben sich die Interessensschwerpunkte etwas verschoben. Obwohl im Nationalpark, der eine Fläche von 1.601.000 Hektar umfaßt, immer noch 15 aktive Vulkane rauchen, ist der Vulkanismus dennoch etwas in den Hintergrund geraten. Gemessen an den Zahlen der Nationalparkbesucher sind es nur wenige, die mit Zelt und Riesenrucksack den entlegenen Vulkanen zu Leibe rücken. Die meisten Touristen kommen heute wegen der Bären. Und im Katmai-Nationalpark sieht man sie auch. Hier gibt es Bärengarantie – natürlich nur im Sommer und vor allem dann, wenn die Lachse ziehen. Die Lachszüge beginnen im Katmai Ende Juni, und die Nationalparkbehörde vermerkt stolz, daß bis Ende Juli etwa eine Million Lachse vom Pazifik kommend in das Naknek Fluß- und Seensystem aufsteigen. Diese phantastische Zahl an Lachsen hat die Bären von weit herangelockt. Jahr für Jahr kommen sie wieder an die gleichen Stellen, um sich an den Lachsen zu überfressen.

Das Resultat dieser Verhaltensweise ist die größte Braunbärenkonzentration in Nordamerika. Etwa 750 von ihnen leben im Nationalpark. Nach neuester Auffassung der Nationalparkbehörde gehören Braunbären und Grizzlies zur gleichen Art. Der Kodiak-Braunbär aber stellt eine Unterart dar, die sich aus seiner geographisch isolierten Lage herausgebildet hat. Die Begegnung mit den Bären dominiert das Erlebnis im Nationalpark. Es beginnt schon damit, daß man, kaum dem Wasserflugzeug entstiegen, das die Verbindung zwischen Außenwelt und Nationalpark darstellt, von den Parkrangern eine „Bäreneinschulung" erhält. Diese Einführung in die Kunde des Umganges mit Bären wird mit einer runden Plakette belohnt, die einen als Absolventen der Bärenschule ausweist. Das Abzeichen muß man im Nationalpark aber auch wirklich tragen. Das Wichtigste, was einem da vermittelt wird, ist, daß der Bär immer Vorrang hat, „Right of Way". Als ich kurz danach als frischgebackener Absolvent einem mächtigen Bären gegenüberstand, fiel es mir leicht, ihm den Vorrang zu überlassen. In der „Bärenschulung" lernt man auch, daß man nie lautlos durch den Wald gehen darf, sondern immerfort in die Hände klatschen und „hey Bär" rufen sollte. Bei meinem ernsten Respekt vor der Professionalität des amerikanischen Nationalparkpersonals, diese Schulung fand ich doch lächerlich. Bei meiner ersten Begegnung mit einem großen Bären, die mich bis auf eine Entfernung von etwa zehn Metern an das Tier heranbrachte, zeigte sich dieses selbst vom metallischen Geklapper mit meinem großen Stativ völlig unbeeindruckt und zog glücklicherweise seines Weges.

Als Verbindung vom Brooks Lake zum Naknek Lake ist der Brooksriver nur ein paar hundert Meter lang. Auf dieser kurzen Strecke stürzt der Fluß über eine vielleicht zwei Meter hohe Felsstufe. Dieser kleine Wasserfall gehört zu den Kernstücken des Katmai-Nationalparks, denn dort fischen die Bären nach Lachsen. Die Lachse müssen auf ihrem Rückweg aus dem Pazifik zu ihren Laichplätzen, dem Platz ihrer eigenen Geburt, über diese Stromschnelle springen. Oben lauern die Bären. Unter dem niedrigen Wasserfall brodelt das Wasser vor lauter Lachsen, die versuchen, aus diesem Stau herauszukommen. Selten gelingt es einem von ihnen, im ersten Anlauf so hoch zu springen, daß er oben weiterschwimmen kann. Meist sind mehrere Anläufe notwendig. Unablässig wird die Wasserwand von den Lachsen berannt. Die fischenden Bären teilen sich in zwei Gruppen mit unterschiedlichen Temperamenten. Oben stehen die passiven Fischer, die auf den Lachs warten, der ihnen in die Pranken oder gar ins Maul springt. Unten im seichten Wasser warten die aktiven Fischer auf die Lachse. Dennoch ist es auch für sie nicht ganz leicht, einen dieser schnellen und so wendigen Fische zu erwischen. Braunbären tauchen nicht gerne mit dem Kopf unter das Wasser, weil dieses ihnen in den Ohren kitzelt. Aber die Gier nach Lachsen treibt sie manchmal doch dazu. Wenn der Bär dann auftaucht und seinen Kopf vehement schütteln muß, kann es schon passieren, daß seine Beute entkommt. Eines meiner Bilder zeigt diese lustige Situation.

Nahe dem Wasserfall hat die Nationalparkbehörde eine Plattform errichtet, von der aus man diese Szenen beobachten kann. Von der Brooks Lodge wanderte ich jeden Morgen zur Plattform. Man darf absolut nichts Eßbares im Rucksack haben, auch keine Hautcreme, nichts, was riecht. Nur eine Flasche Wasser ist erlaubt. Nun esse ich unglücklicherweise kein Frühstück. Auch das reichliche Buffet in der Lodge konnte diese Gewohnheit nicht ändern. So erreichte ich die Plattform jeden Morgen ohne die gewohnte „Jause" im Rucksack. Dieser war nur gefüllt mit schwerem Fotogepäck, den langen Objektiven und dem schweren Stativ. Im Verlauf der Woche, die ich am Wasserfall zubrachte, kam es mitunter vor, daß ich vier bis fünf Stunden dort wartete, ohne daß sich auch nur ein einziger Bär gezeigt hätte. Der Magen krachte mir von Hunger. Endlich Bären! Fotostreß, alles war über

Stunden vergessen. So kam es mehr als einmal vor, daß gute acht Stunden vergingen, bis ich den ersten Bissen des Tages zwischen den Zähnen hatte. Ein solch großartiges Naturschauspiel erleben zu können, macht jedes Opfer dafür klein und unbedeutend. Im Katmai warten Erlebnisse, die man in unserer Zeit nicht mehr erwarten würde.

So fressen sich die Bären unablässig durch den Sommer. Der daraus erzielte Reichtum an Eiweiß und Fett bringt sie dann sicher durch den Winter. Im September haben die Bären Mühe, ihre prall gefüllten Bäuche zu den Bergen zu schleppen, wo für jeden Winter eine neue Höhle gegraben wird. Mitten im kalten Alaskawinter gebiert in der warmen Höhle die Bärin ihre Jungen. Bis zu vier Junge, das einzelne nur etwa ein halbes Kilogramm schwer, werden der Bärin im Winterschlaf „geschenkt". Im kommenden Frühsommer werden die tapsigen kleinen Bärenkinder, immer dicht bei der Mutter, das aufregende Leben zu erlernen beginnen. Die Lachse, nach denen sie später schnappen werden, schwimmen jetzt als winzige Fische durch die Seen zum Meer, um dann von dort in ein paar Jahren reif und kräftig zurückzukehren. Ein großartiger Kreislauf ist hier im Gang. Ohne den Schutz, den die Tiere im Nationalpark genießen, wäre diese vollendete Harmonie des Lebens schon vor langer Zeit zerstört worden.

Der Matanuska River ist ein Sinnbild für die ungezähmte Natur Alaskas. Und doch! Gerade dieser ungestüme Fluß bewässert das einzige fruchtbare Gebiet Alaskas, die landwirtschaftliche Oase um Palmer nahe der Küste.

Die selten gesehenen Berge der Yakutat Bay. Im April des Jahres 1778 segelte James Cook auf der Suche nach einem Seeweg zum Atlantik auch in diese Bucht hinein. Der Doppelgipfel im linken Teil des Bildes trägt seinen Namen. Der Berg ist 4200 m hoch! Die mehr als 4 km hohe Eiswand ragt steil und direkt von der Meereshöhe empor.

Auf den Uferfelsen des Prince William Sound tummeln sich Zehntausende Seelöwen. Die verheerenden Folgen des Tankerunfalls der „Exxon Valdez" im Jahr 1989 verflüchtigten sich. Reinigende Kräfte der vitalen Küstennatur und der Einsatz idealistischer Menschen gaben den Tieren ihr Reich zurück.

In den weitverzweigten Gewässern des Glacier Bay National Parks. Als Kapitän George Vancouver 1794 entlang der Alaskaküste segelte, existierte die Glacier Bay noch nicht. Sie lag begraben unter mehr als 1000 m dickem Eis. Seither haben sich die Gletscher über 100 km zurückgezogen.

Der Katmai National Park beherbergt die größte Konzentration an Braunbären in Nordamerika. Es sind etwa 750 Tiere. Von Mai bis Oktober kann man an den Brooks-Fällen Bären beim Fischen beobachten. Ihre leichte Beute sind die zahllosen Lachse, die, vom Pazifik kommend, zu ihren Laichplätzen aufsteigen.

Unbekümmerte Jugend! Geboren während des Winterschlafs der Mutter, wiegen die Kleinen zunächst etwa ein halbes Kilo. Mit der besonders üppigen Lachsnahrung im Katmai können es dann aber 450 Kilo werden. Während der ersten zwei Lebensjahre bleiben die Jungen bei der Mutter und genießen deren Schutz.

Der Monarch der Bergwelt Nordamerikas, der 6194 m hohe Mt. McKinley ist eine spröde Schönheit. Meist verbirgt er sich hinter Wolken. Nur ein kleiner Teil aller Besucher des Denali-Nationalparks bekommt den Berg zu Gesicht. Eine Stunde wie diese am Wonder Lake ist ein Geschenk!

Wie viele Stämme der „Native Americans“ besinnen sich auch die Haida-Indianer an der Küste Südostalaskas wieder fast vergessener, alter Traditionen. Die Hemdenknöpfchen an dieser Tracht brachten einst russische Händler.

Im „Sitka National Historical Park" befindet sich eine schöne Sammlung von „Totem Poles". Die prächtigen Wälder an der Pazifikküste Südostalaskas bestimmten die materielle Kultur der Indianer. Holz war der Grundstoff. Das Bild zeigt einen Ausschnitt aus einem hohen Totem, das die Lebensgeschichte eines Häuptlings erzählt – geschnitzte Überlieferung.

Achtzehn Kilometer lang schlängelt sich der „Kalalau Trail" entlang der „Na Pali-Küste" in eine Richtung. Einmal 700 m über der Küste, dann wieder unten entlang idyllischer Buchten. Romantische Plätze zum Campieren vollenden die Schönheit dieser Wanderung durch das schönste Naturschutzgebiet auf der Insel Kaunai.

DIE HAWAII-INSELN

Eine Perlenschnur im Pazifik

Die Weite des größten Ozeans auf unserem Globus, des Pazifiks, stellt die aller anderen Meere in den Schatten. Die Wasserfläche des Pazifiks nimmt 35% der Oberfläche des Erdballs ein. Wie Sterne am Himmel sind Tausende Inseln über das Riesenmeer verstreut. In einer Jahrtausende währenden Völkerwanderung mit Auslegerbooten wurden die Inseln nach und nach bevölkert, entwickelten sich Sprachen und Kulturen, Religionen und Mythen. Von diesem vielfältigen Leben hatten die Europäer nicht den Schimmer einer Ahnung, bis die verwegene Tat eines goldgierigen Abenteurers dieses Meer entdeckte. Es war der Spanier Vasco Nuñez de Balboa. In einer opferreichen Expedition querte er die Landenge von Panama und entdeckte dieses von Europäern nur angenommene, aber nie gesehene Meer. Dies geschah am 25. September des Jahres 1513. Mit spanischem Pathos nahm er das „Südmeer", wie er es nannte, für die spanische Krone in Besitz. Einige der Überlebenden der Expedition wurden reich, denn als sie am Strand ankamen, stopften ihnen die Eingeborenen die Hosensäcke mit kostbaren Perlen voll. Darunter befand sich auch jene Perle, die unter dem Namen „Pelegrina" eine der berühmtesten der Geschichte werden sollte. Die Südsee hatte ihren ersten Reichtum in die Alte Welt geschickt und diese damit in Aufruhr versetzt.

Sieben Jahre später gelang es Fernando Magellan, einem Portugiesen in spanischen Diensten, auf der ersten Weltumsegelung den Weg vom Atlantik zum neu entdeckten Ozean zu finden. Zunächst war es ein spanisches Meer. Mit der Entdeckung des Goldlandes Peru durch Pizarro 1532 wurden Unmengen von Gold auf Segelschiffen zur Landenge von Panama gebracht und über den Camino Royal zum Atlantik geschleppt. Ab etwa 1565 überquerten spanische Schiffe mit wertvoller Fracht den Pazifik zwischen Acapulco und Manila. Damit traten die holländischen und britischen Seeräuber auf den Plan. Die Seefahrt zwischen Amerika und China entwickelte sich. Die Hawaii-Inseln blieben aber immer noch unentdeckt. Man nimmt an, daß es Schiffbrüchige dorthin verschlagen hätte. Aber darüber drang keine Kunde in die Welt. Die Seefahrt von Amerika nach China folgte der Linie der guten Winde weit südlich von Hawaii, vermied daher die gefährlichen Atolle und Riffe. Auf der Rückfahrt hingegen nützten die Seefahrer die zuverlässigen und kräftigen Westwinde weit nördlich des weiterhin unentdeckten Inselparadieses etwa auf der Höhe des 40. Grades nördlicher Breite.

James Cook

Auf seiner unendlich weiten Fahrt von Neuseeland nach Alaska sichtete James Cook am 18. Jänner 1778 die Insel Oahu. Damit traten die Hawaii-Inseln in das Licht der Welt, in die Geschichte ein.

James Cook erlebte auf dieser seiner dritten Forschungsreise in diesem Meer, im zehnten Jahr, das er im Pazifik zubrachte, den Höhepunkt seiner Entdeckungen. Sofort ging er daran, die Inseln zu erforschen, auf denen er schließlich sein Ende finden sollte. Die Ankunft der beiden Schiffe versetzte die Eingeborenen in größte Aufregung, Begeisterung, Furcht, Neugierde und Staunen. Als schwimmende Inseln betrachteten die Insulaner die fremden Schiffe, die um so vieles größer waren als ihre allergrößten Kriegskanus. Die fremdartigen Menschen trugen ein übriges zur allgemeinen Aufregung bei. Cook, und das war wohl das entscheidendste, wurde für den wiederkehrenden Friedensgott Lono gehalten.

Solchen Irrtümern sind auch andere Naturvölker bei der Ankunft der ersten Weißen verfallen. Wie etwa die Inkas bei der Ankunft Pizarros, oder die Mexikaner bei der Ankunft von Cortez. Immer hatte es fatale Auswirkungen für die Eingeborenen. Bei Cook jedoch sollte dieser Irrtum auch für ihn selbst dramatische Folgen haben, denn es kam der Augenblick, in dem die Insulaner zu ahnen begannen, daß Cook kein Gott sei. Die ersten Streitigkeiten zwischen den Insulanern und den Briten entstanden aus unterschiedlichen Vorstellungen über die Eigentumsverhältnisse. Trotz aller Verehrung, die die Eingeborenen Cook und seinen Leuten anfangs entgegengebracht hatten, war es schließlich gerade ein solcher nichtiger Fall – ein Boot der Briten war gestohlen worden –, der den Auftakt zur Eskalation der Situation bildete, in deren Verlauf Cook sein Leben verlor.

James Cook starb am 15. Februar 1779 durch einen Dolchstoß in den Rücken auf der Insel Hawaii.

Hawaii – Big Island

Die Hawaii-Inseln ragen als die Gipfel der höchsten Berge der Welt aus den glasklaren Fluten des Pazifiks. Der Mauna Kea auf Hawaii, der bei weitem größten Insel des Archipels, ragt 4205 m über dem Meer auf. Es ist der höchste Gipfel der Gruppe. Vom Strand am Fuße des Berges reichen die Lavahänge des Riesenvulkans bis zu einer Meerestiefe von mehr als 5500 m hinab. Mit seiner Gesamthöhe von rund 9700 m ist der Mauna Kea somit als die größte und höchste Bergmasse der Welt eingestuft. Die Genesis ist bei allen Hawaii-„Gipfeln" die gleiche: Als Schichtvulkane stiegen sie aus dem Meer. Mit jeder Eruption schichteten sich neue Lavalagen über die alten, und im Verlaufe von Jahrmillionen erreichten diese Lavakegel die Oberfläche des Meeres und wuchsen weiter und weiter in die Höhe. Es brauchte rund 25 Millionen Jahre, ehe sie die heutigen Höhen erreichten. Der „Nachbar" des Mauna Kea, der Mauna Loa gehört zusammen mit dem Kilauea zu den aktivsten Vulkanen der Erde. Dort ist alles in ständiger Veränderung. Da fuhr ich einmal auf einer schönen Asphaltstraße zwischen phantastischen Lavafeldern am Fuße des Kilauea hindurch. Ein paar Jahre später lag über der Straße eine meterdicke Lavadecke. Oder wir wanderten über den schwarzen Lavaboden durch den Kilauea Iki-Krater. Kurz darauf breitete sich neue Lava über den alten Lavaboden aus. Eine Wanderung entlang des „Devastation Trail" vermittelt eindrucksvoll das Zerstörungswerk eines Vulkanausbruchs. Zerstörung, aber auch Schöpfung liegen hier anschaulich beisammen.

Der „Hawaii Volcanoes National Park", der das Kilauea-Gebiet mit den bedeutendsten Kratern und Lavaströmen umfaßt, bietet den instruktivsten Überblick über vulkanische Geschehnisse. In diesem Gebiet ist der intensive Neubeginn der Vegetation nach Vulkanausbrüchen in besonderer Weise zu erleben. Das kräftige Rot der bürstenartigen Blüten des Lavabaumes leuchtet im Kontrast zur schwarzen Lava umso kräftiger. Welch eine Wunderwelt ist ein Lavaboden! Die Hawaiianer verfügen über 40 verschiedene Bezeichnungen für Lava. Lava ist also nicht gleich Lava. Die schlimmste, die feinkörnige, zerriebene Schlacke, die einem den Aufstieg auf die Vulkane so vermiesen kann, nennen sie „aa Lava". Die schönste Form, die unendlich viele Ausprägungen bildet, bald zu Stricken zusammengeschoben, bald wie Brei hingeflossen und erstarrt ist, die Rippen, Wellen, und strukturlose Flächen erzeugt, diese schöne Lava nennen sie „ Pahoehoe". Diese Lavaart zeigt am eindrucksvollsten den einst flüssigen, breiigen Zustand und ist die am häufigsten vorkommende Lava auf Hawaii. Der Gipfel der Mauna Kea der so hoch über den Pazifik aufragt, ist gleichzeitig der höchste Inselgipfel der Welt. Natürlich bietet diese Einzigartigkeit besondere Vorzüge. Man bedenke nur, daß hier im Umkreis von Hunderttausenden von Quadratkilometern kein Schlot raucht, es so gut wie keine Luftverschmutzung gibt. Also bot diese besondere Lage eine außerordentliche Gelegenheit zu astronomischen Beobachtungen. So wurde hier oben in einsamer Höhe, in ungetrübter Luft ein Riesenobservatorium gebaut, in dem seit Jahren die Weiten des Weltalls erforscht werden.

Im Winter liegt auf den Gipfeln von Mauna Loa und Mauna Kea Schnee, und es wird auch Wintersport betrieben. Die Kälte, die man dort oben erleben kann, war für mich eine Überraschung, denn Hawaii verbindet man gedanklich immer mit Wärme und Stränden. Doch vor allem auf Hawaii – Big Island – ist der Kontrast sehr groß. Oben erlebt man Kälte und Schnee, und unten auf Meereshöhe findet man die Orchideentäler. Hier konnte sich eine gewaltige Blumenindustrie entwickeln. Millionen von Orchideen werden jede Woche ausgeflogen und noch mehr Anthurien und Nelken. 4000 mm Niederschlag im Jahr lassen dieses ungehinderte Wachstum am Fuße der Berge zu.

HALEAKALA

Die Beherrscher der Insel Maui

Die Insel Maui ist erheblich kleiner als Hawaii und wird von tropischen Wäldern, über denen sich eindrucksvoll der in seinem Grundton braune Haleakala erhebt, gesäumt. Durch mehrere Vegetationszonen führt die Straße vom feuchten, tropischen Regenwaldklima hinauf in die subalpine, steppenartige Landschaft, die dann in die vulkanische Aschen- und Lavalandschaft übergeht mit trockener und mitunter kalter Luft. Daß dabei allmählich die Luft auch etwas dünner geworden ist, haben manche „Bezwinger" des Haleakala erfahren müssen, die die Erklimmung allzu schnell mit dem Auto unternahmen. Denn die Straße auf den Haleakala windet sich in 60 km rund 3300 m empor. Da ist schon mancher „Autobergsteiger" etwas schwindlig ausgestiegen.

Haleakala heißt „Haus der Sonne". Aber in diesem Haus gehen einigermaßen pünktlich um zehn Uhr vormittags die Lichter aus, um diese Zeit nämlich ziehen Nebel auf und hüllen das obere Drittel des Vulkans ein. Der Nebel bleibt dann meist hartnäckig am Berg hängen, bis frischer Nachmittagswind ihn wieder vertreibt. Eigentlich ist der Haleakala-Krater kein Krater sondern eine riesige Erosionsmulde, die von Regenwasser und Wind in die Flanke des Berges gerissen wurde. Diese riesige Mulde – nennen wir sie weiter Krater – ist von vielfältiger Schönheit. Einige kleine Nebenkrater sind entstanden und verleihen der Landschaft einen besonderen Reiz. Mein Bild zeigt einen der schönsten davon, der den klangvollen Namen: „Kalua O Ka Oo" trägt. Vielleicht hat ihn die auf den Hawaii-Inseln allgegenwärtige Vulkangöttin Pele entstehen lassen.

Es ist imposant, in die Vulkanlandschaft des Haleakalas zu blicken. Doch um einen bleibenden Eindruck zu gewinnen, muß man doch - wie so oft - den Rucksack auf den Rücken schwingen und einem Pfad folgen. Der eindrucksvollste ist sicherlich der Halemauu Trail, eine gute Tageswanderung, die die herbe Schönheit und Eigenart dieses Berges in vielen Facetten zeigt. Vor allem die Vegetation hatte es mir ganz besonders angetan. Die schönen Farne, die an der Grenze der Lebensfähigkeit zwischen Lavabrocken hervorbrechen. Mein eigentliches Ziel aber war das Silberschwert. Diese erstaunliche Blume gehört zu den seltensten Blütenpflanzen der Welt. Das „Silversword" braucht sieben bis dreißig Jahre, um einmal aufzublühen. Der Sonnenblume verwandt, sehen auch die vielen kleinen Blüten entfernt kleinen Sonnenblumen ähnlich. Dabei kommt es auf den Zustand der Blüten an. Einmal habe ich gelesen, daß es das Silberschwert vereinzelt auch im Himalajagebiet geben soll, und einige blühen auf Hawaii. Das aber sind die einzigen Ausnahmen, denn die wirkliche Heimat dieser Pflanze ist der Haleakala. Im Nebel stand sie plötzlich vor mir - in triefender Nässe und doch in diesem gewissen indirekten, diffusen Licht, das der dunkle Lavaboden schluckt, aber die silbrigen Blätter besonders hervorhebt. Damit wird auch der Name der Pflanze einleuchtend. Welch ein eigenwilliges Leben führt dieses Geschöpf in der lebensfeindlichen Wildnis in 3000 m Höhe. Entsprechend der isolierten Lage der Hawaii-Inseln, Tausende Kilometer vom nächsten Festland entfernt, entwickelte sich auf diesen Inseln eine eigenständige Pflanzenwelt. Hauptsächlich aus dem südostasiatischen Raum haben Vögel in ihren Krallen die Samen gebracht, aus denen sich die Vegetation auf Hawaii entwickeln konnte. Von den mehr als 2700 einheimischen Pflanzenarten, die man bis jetzt kennt, haben sich 98% auf dem Hawaii-Archipel entwickelt und kommen nirgendwo sonst vor. Unter all diesen Pflanzen hat das Silberschwert das engste Verbreitungsgebiet, eben den Haleakala.

Kauai - Na Pali-Küste

Kauai, so erzählt die Legende, ist die Heimat der Vulkangöttin Pele. Die Insel ist die älteste im Archipel, sie ist die grünste und wildeste der Eilande. Nachdem Pele die Insel verließ und die Lavaflüsse versiegten, nagte das viele Regenwasser an den Bergen der Insel. Über und über wucherte der tropische Wald, und es entstand die schönste Insel der Hawaii-Gruppe. Die steilen, hohen Wände, die auch dort, wo sie senkrecht aufragen, mit intensivstem Grün bewachsen sind, türmen sich über einer buchtenreichen Küste. Tropischer Wald drängt sich auf jedem Quadratmeter zwischen Strand und Felswänden. Im Dschungel hängen silbrigglänzende, romantische Wasserfälle von der Höhe, darunter erstrecken sich die Küsten mit weltverlorenen Traumbuchten. Das alles zusammen ist gerade so, wie man sich ein Südseemärchen erträumte. Und das alles gibt es wirklich und heißt Na Pali-Küste. Pandanuspalmen wachsen über die Abgründe hinaus, die unzähligen Berge, die die Küste bilden, sind wie Theaterkulissen hintereinander gestaffelt. Durch diese Südseeidylle schlängelt sich ein Wanderpfad, der Kalalau Trail.

Im Wanderführer wird dieser Weg mit 9 Stunden und 4900 Kalorien beschrieben. Da ich in meinem Leben noch nie darüber nachgedacht hatte, wie viele Kalorien ich auf einer Wanderung verbrauchen würde, konnte ich mit dieser Angabe nicht viel anfangen. Ich habe mir hingegen öfters auf Wanderungen Gedanken darüber gemacht, wie viele Kalorien ich nach der Tour verschlingen würde. – Mit der Angabe von 18 km in eine Richtung konnte ich schon eher zurecht kommen. Natürlich bedeuten die 18 km, daß man einmal unten am Strand wandert und dann auf schwindelndem, schmalem Pfad Hunderte Meter hoch über dem Meer gehen mußte. Aus großer Höhe in das unbeschreibliche Farbenspiel des Meeres zu blicken, erfüllt Südseeträume, die man vielleicht latent in sich schlummern fühlte. Hier werden Träume zu einer Realität, wie man sie sich so schön gar nicht hatte ausdenken können.

Kauai an der Na Pali-Küste auf dem Kalalau Trail erlebt, das ist für mich das Schönste, das die Hawaii-Inseln zeigen können. Ich weiß, daß diese Aussage natürlich völlig subjektiv gefärbt ist und übertrieben klingen mag. Trotz alledem, ich bleibe dabei: die Na Pali-Küste ist ein Muß für den Hawaii-Reisenden, und wären es nur ein paar Kilometer am Trail. Ein Blick vom Pihea Lookout hinunter wird überzeugen.

Am 2. Jänner 1778 schob sich die erste grüne Küste der Hawaii-Inseln vor das Objektiv seines Fernrohrs. James Cook notierte in sein Logbuch sachlich das Erscheinen eines hohen Landes ..." Es wurde seine größte Entdeckung, und gleichzeitig sollte sich auf diesen Eilanden sein Schicksal erfüllen.

Mehr als 3000 m hoch ragt über der Insel Maui der Haleakala-Vulkan auf – das „Haus der Sonne" –, wie die Polynesier ihn benannten. In einer riesigen Verwitterungssenke liegen mehr als ein Dutzend kleiner Vulkanschlote. Den hier abgebildeten nennen die Insulaner „Kalua O Ka Oo"-Krater.

Am Haleakala kann man mit einigem Glück das „Silberschwert“ entdecken. Es ist eine Pflanze, die in wenigen Exemplaren im Himalaja und auf der Insel Hawaii vorkommt, und eben auf dem Haleakala – sonst nirgendwo auf der Welt. Die Pflanze braucht 7 bis 30 Jahre, um einmal zu blühen, wirft dann die Samen ab und stirbt.

In Vulkanlandschaften liegen Zerstörung und Neubeginn dicht beisammen.

Auf der Insel Hawaii, im „Volcanoes National Park“ führt der „Devastation Trail“ durch die Überreste eines Waldes, den Ausbrüche des Kilauea-Vulkans vernichtet haben.

Die Indianer nennen den 4392 m hohen Mt. Rainier „Takoma“ – der Berg. Es ist ein schlummernder Vulkan mit einem mit Eis verstopften Gipfelkrater.

Mt. RAINIER-NATIONALPARK

Ein gletscherbedeckter Vulkan suggeriert schnell den Gedanken an Feuer und Eis. Denn diese beiden entgegengesetzten Elemente liegen in einem solchen Fall naturgemäß dicht beisammen. Am Vulkan Mt. Rainier ist das etwas anders. Als feuerspeiendes Ungeheuer hat er sich vor rund 2000 Jahren zum vorläufig letzten Mal gemeldet. Beim Mt. Rainier kann man dem Eis einen anderen Gegensatz zur Seite stellen, die unglaublich üppige Vegetation. Blumen und Eis, das ist das Wahrzeichen des schlummernden Riesenvulkans. Auf dem Weg zu seinen Gletschern, dem Pfad zum Camp Muir, das in 3000 m Höhe liegt, begleiten die – allerdings immer kleiner werdenden – Blumen den Bergsteiger bis zu jenem Schritt, mit dem er seinen Fuß auf den ersten Schnee setzt.
Im Monat August entfalten die Bergwiesen ihre größte Pracht. Vorherrschend sind blaue Lupinen, der rote Indian Paintbrush – der Malpinsel der Indianer –, riesenhaft wächst dazwischen der Knöterich, an den Boden ducken sich Azaleen. Dazwischen tummeln sich die kleinen Streifenhörnchen, pfeifen die Murmeltiere, manches Mal etwas hektisch geworden durch die Wanderer, die ihnen etwas zu nahe kommen. Streng genommen könnte man dies aber auch umgekehrt sehen. Uns Menschen hat die Nationalparkbehörde die Wege streng vorgegeben, die wir in den unteren Bereichen nicht verlassen dürfen. Also kommen die Murmeltiere dem Menschen zu nahe.
Streng vorgegebene Wege, das klingt nicht gut in den Ohren eines Bergsteigers, der die unbegrenzte Freiheit in den Alpen kennt. Doch am Mt. Rainier lernt man solche Beschränkungen zu respektieren. Die bunten Blumenwiesen sind steil, am Berg gibt es viel Regen und viele Besucher. Unentwegt wird gegen die Erosion angekämpft. Mit teuren Hubschrauberflügen wird die fortgerissene Erde ersetzt, Schaufel für Schaufel werden die Bergwiesen „repariert". Eine unbegrenzte Wegfreiheit der vielen Besucher würde in kürzester Zeit das zerstören, was den Berg so unvergleichlich schön macht, den Gegensatz von Blumen und Eis.
Die Indianer der Gegend durchstreiften die dichten Wälder am Fuße des Berges nach Wild, das ihnen hier zahlreich geboten wurde. Im Sommer zogen die Frauen mit Kindern und Körben zum Berg und pflückten die überreich vorhandenen Beeren. In den Sommercamps sammelten sie alles, was sie zum Überleben im Winter brauchten. An Ort und Stelle wurden die massenhaft geernteten Pilze getrocknet, das Material gesucht, mit dem später die Körbe geflochten wurden. Wildbret und Fische wurden für monatelange Haltbarkeit geräuchert. Der Berg gab den Indianern alles. Sie nannten ihn Takoma, und die Eiskappe flößte ihnen Furcht ein. Der Takoma – „ der Berg"– war ihnen ein heiliger Ort.
Im Jahre 1792 erspähte der englische Seefahrer George Vancouver den Berg von der Küste aus und gab ihm den Namen seines Freundes Admiral Peter Rainier. So wie Vancouver den weißen Schneedom von der Küste aus gut sehen konnte, so ist dieser an klaren Tagen auch von den Städten Takoma und Seattle aus gut sichtbar, obwohl mehr als 100 km dazwischen liegen. Ein so dominanter Berg wie der Mt. Rainier erregte natürlich auch schon früh das Interesse der Naturforscher, und so bezwangen schon im Jahre 1870 Hazard Stevens und Philemon Beecher Van Trump den Gipfel. Wie in vielen ähnlichen Fällen flehte auch vor dieser Ersteigung der indianische Führer, der sie durch die dichten Wälder an den Berg heranbrachte, von diesem Vorhaben abzulassen. Schließlich waren

die beiden genötigt, just auf dem Gipfel ein Biwak zu aufzuschlagen. Aber das war wohl auch ihre Rettung. Denn nur am Gipfelkrater entströmt dem Schnee dort und da heißer Schwefeldampf. Wenn auch der ätzende Gestank fast unerträglich war, bewahrte sie die vulkanische Wärme vor dem sicheren Erfrierungstod.

Mit der Kunde von der Bezwingbarkeit des Eisgipfels begann die eigentliche Erforschung. Mehr und mehr fanden sich Naturforscher und Bergsteiger ein, die den Riesenberg von allen Seiten erkundeten. 1888 erstieg John Muir den Gipfel. Der Name dieses seine Zeit überragenden Naturforschers ist in „Camp Muir" erhalten geblieben. Beinahe jede Ersteigung über die Normalroute nimmt von diesem Camp, das in 3000 m Höhe liegt, ihren endgültigen Ausgang. John Muir hatte seinen Aufstieg so gut eingeteilt, daß sich diese Einteilung auch heute noch als die günstigste erweist. Vom Paradise, wo heute das Visitorcenter steht, steigt man in wenigen Stunden am Nachmittag zum Camp Muir auf. Von dort geht es im ersten Morgenlicht weitere 1400 Höhenmeter zum Gipfel und zurück nach Paradise. Dieses erhielt seinen Namen wohl aus dem Zusammenklang der herrlichen Bergvegetation mit den nahen Eisfeldern.

Von allen Gipfeln des Kaskaden-Gebirges ist der Mt. Rainier wohl der schönste. Dies ist glücklicherweise schon früh erkannt worden, und im Jahre 1899 hatte man unverrückbar die Grenzpfähle für das Gebiet des Mt. Rainier Nationalparks gesetzt. Unverrückbar blieben die Grenzpfähle auch dann, als man sich bemühte, das Parkgebiet zu vergrößern. Alle diese Bemühungen sind bis heute erfolglos geblieben.

Die Fahrt zum Park gehört zu den überzeugendsten Erlebnissen für die Sinnhaftigkeit von Nationalparks. Intensivste Forstwirtschaft mit riesigen abgeholzten Flächen prägt das Vorland. Selbstverständlich muß dieses großartige Waldgebiet wirtschaftlich genutzt werden. Dies geschieht mit großer Umsicht, jede Abholzung wird neu bepflanzt. Aber wenn man dann in den Nationalpark kommt, atmet man förmlich auf. Die so oft ersehnte „heile Welt" empfängt uns. In dem gigantischen Dickicht, das vom Menschen unangetastet geblieben ist, ragen die kerzengeraden Stämme herrlicher westlicher Hemlocks und Douglastannen zu schwindelnden Höhen empor. Im verfilzten Regenwald der unteren Bergzonen erheben sich Riesenlebensbäume mit einem ungefähren Alter von 1000 Jahren und einer Höhe von fast 100 m aus dem Dickicht. Unter den mit dichten Flechtenbärten behangenen Ästen niedrigster Bäume leuchten Azaleenblüten aus dem Dunkel. Gelegentlich tappt ein schwarzer Bär durch den Urwald oder erspäht man einen lauernden Kojoten am Rand der Waldlichtung. An den obersten Rändern der Wälder, am Übergang zu den Bergwiesen liegen friedlich Schwarzwedelhirsche im Gras.

Ein von jedem Parkbesucher angesteuerter Punkt ist der Reflexion Lake, der Bergsee, in dem sich erwarteterweise der Gletschergipfel im Wasser spiegeln soll. Was er natürlich nicht immer tut. Am Ufer dieses kleinen Sees wächst wunderschöner pannonischer Enzian.

Der Mt. Rainier war mein kältester Berg in Nordamerika. Nicht die höheren Alaskagipfel, sondern just dieser Viertausender. Am Abend eines stillen Sommertages, als wir die letzten Schneehänge zum Camp Muir aufstiegen, lag alle Welt - wie uns schien - in zartrosa Dunst gepackt. Nur die Vulkane ragten daraus hervor: der Mt. Adams, das, was vom Mt. St. Hellens geblieben ist, der Mt. Hood und andere Gipfel. Die Ausdehnung und Großartigkeit des Kaskaden-Gebirges ließ sich erahnen.

CRATER LAKE-NATIONALPARK

Die Reihenfolge stimmte. Zuerst zum Mt. Rainier und dann zum Crater Lake. Zuerst den schlummernden, eisgepanzerten Riesenvulkan sehen, um dann beim Blick in den tiefblauen Kratersee seiner Phantasie auf die Sprünge zu helfen. Denn mit einem flüchtigen Blick in die Caldera ist es nicht getan. Man muß wirklich einmal in Ruhe die Uferränder betrachten und sie als den untersten Sockel eines 3600 m hohen Berges sehen. Gletschergepanzert, wie der Mt. Rainier, ragte der Mt. Mazama empor, wo heute die wassergefüllte Caldera liegt. Mt. Mazama ist der Name für einen Berg, den es seit 6600 Jahren nicht mehr gibt. Damals nämlich hatte dieser Vulkan gewaltige Ausbrüche und stürzte dann, nachdem sich die Magmakammern geleert hatten, in sich zusammen. Zurück blieb eine Caldera mit einem Durchmesser von 9 km und einer Tiefe von 1200 m. Das ist Gigantonomie pur! Nach und nach füllte sich der tiefe Trichter mit Wasser, das es in dieser Gegend durch häufige Niederschläge im Übermaß gibt, und es entstand ein kreisrunder, 590 m tiefer See, der malerisch in den Wäldern Südwest-Oregons eingebettet liegt. Eine späte, letzte Aktivitätsphase, ein letztes Aufflackern einstiger Urgewalt ließ vor 900 Jahren die kleine, nun bewaldete Vulkaninsel mit dem beziehungsvollen Namen Wizzard Island – Insel des Zaubers oder Hexenmeisters – entstehen. Der prächtige See hat weder einen Zufluß noch einen Abfluß. Allein Niederschläge und Verdunstung regeln die konstante Wasserhöhe. Wie um den Mt. Rainier und die anderen Vulkane des Kaskadengebirges ranken sich auch um den Mt. Mazama und seinen vernichtenden Ausbruch indianische Legenden.

Die Klamarth-Indianer sind der Überzeugung, daß Menschen den Ausbruch und das Zusammenstürzen des Vulkans miterlebten. Tatsächlich ist wissenschaftlich belegt, daß in diesem Teil des Kaskadengebirges schon vor 8000 Jahren Menschen lebten.

Nach der Legende der Indianer war der Vulkan die Pforte, durch die der Herrscher der Unterwelt in die Oberwelt zu gelangen pflegte. Die indianische Legende erzählt weiter vom Streit des Herrschers der Unterwelt, der durch den Vulkan an die Oberwelt gelangen konnte, und dem der Oberwelt. Bei diesem Kampf wurden gelühende Felsen aus dem Berg geschleudert. Im Feuerregen sahen die Indianer eine Bestrafung für den Ungehorsam des Volkes. Um die zornige Gottheit der Unterwelt zu befrieden, stiegen in Aufopferung für ihr Volk die Stammesältesten auf den Berg und sürtzten sich in den feuerspeienden Schlund. Dieses heroische Opfer rührte den Gott der Oberwelt und er verbannte den Herrscher der Unterwelt für immer in sein feuriges Reich. Er ließ den Berg über ihm zusammenstürzen und verschloß das Tor zur Unterwelt für immer mit einem See.

Wenn man sich die Verkehrsbedingungen um die Jahrhundertwende im Gebiet des Crater Lake vorstellt, ist es bewundernswert, daß der Crater Lake National Park schon im Jahr 1902 proklamiert wurde. Es war das Verdienst von William Gladstome Steels, der unermüdlich gegen die heranrückende Holzindustrie, gegen Kleinbauern und Viehzüchter kämpfte, bis ihm der Schutz dieser einzigartigen Landschaft gelang. Der Crater Lake National Park gehört mit seinen 640 km^2 zu den kleinen Parks der USA, aber das, was er der Nachwelt erhalten ist, gehört zu den großen Naturwundern des Landes.

Der weithin sichtbare Eisdom „Takoma“ wurde bereits im Jahre 1870 erstmals erstiegen. Den Indianern war er immer ein heiliger Berg und ein unheimlicher Ort

Im Sommer blühen in rund 2000 m Höhe die Bergwiesen. Die Blütenpracht reicht bis an den Saum der Gletscher. Vorwiegend sind es niedrige blaue Lupinen, der rote Indian Paintbrush – der Malpinsel der Indianer, Riesenknöterich, Pannonischer Enzian und vieles mehr. Ihre Farben kontrastieren mit der Hochgebirgslandschaft.

Im satten Grün und inmitten herrlicher Blumen liegen Schwarzwedel-Hirsche, die im Park zu den häufigsten großen Säugetieren gehören.

Die kreisrunde Uferlinie des Kraterrandes markiert das Fundament des einstigen „Mount Mazama". Der Vulkan stürzte vor 6800 Jahren nach gewaltigen Eruptionen in sich zusammen und hinterließ eine Riesenkaldera. Aus der Tiefe des Kratersees regt sich neues vulkanisches Leben: „Wizard Island" reckt schon sein „junges" Haupt über das Wasser.

Während der Rotfuchs seinen Fang – eine Ente – fest im Biß hat, lauert der Kojote sprungbereit auf Beute.

94 Meter tief stürzen die energiegeladenen Wassermassen über die „Lower Falls" in den Grand Canyon des Yellowstone River. Gesehen vom Artist Point.

YELLOWSTONE-NATIONALPARK

Der Yellowstone-Nationalpark umschließt eine der vielfältigsten Landschaften Nordamerikas. Mit Ausnahme von Gletscherbergen findet sich im Nationalpark so ziemlich alles, was die Natur schön und interessant macht: unendliche Wälder, reiches Tierleben, prächtige Flüsse, Seen und Wasserfälle. Tiefe, enge Canyons durchfurchen die Bergwelt, in deren tiefstem Grunde die glasklaren Wasser des Yellowstone und anderer Flüsse rauschen. Das ganz Besondere dieser Landschaft ist jedoch, und damit wird sie unvergleichlich, der aktive Vulkanismus. Kein zweites Mal auf der Welt finden sich so viele vulkanische Strukturen, Farben und Formen wie im Yellowstone Nationalpark. Die erstarrten Kalkkaskaden von Mammoth Hot Springs in ihren vielen weichen Übergängen von einer zarten Farbe in die andere gehören zu den Bildern, die den Yellowstonepark so berühmt gemacht haben. Im Winter, wenn sich Eis und Schnee, helle Kalke und der Dampf heißer Quellen in der Eiseskälte mischen, entstehen Bilder subtilster Farbnuancen.
Die abstraktesten Gemälde bringen die heißen Wasser der „Prismatic Springs" hervor. Der Fantasie sind keine Grenzen mehr gesetzt. Die Wanderung vom „Glory Morning Pool" zwischen den Geysiren des „Oberen Geysirbeckens" enthüllt neue, unvergleichliche Wunder. Die smaragdfarbenen Wasseraugen der schlummernden Geysire sind geradezu unwirklich schön. Der Star in diesem Gebiet ist aber der „Old Faithful". Wie sein Name sagt, ist er treu und zuverlässig. Seit man ihn kennt, also seit 1870, bläst er pro Stunde einmal eine riesige Wasserdampfsäule in die Höhe. Dabei kommt es schon manchmal zu Ungenauigkeiten, aber viel mehr als 20 Minuten weicht er wohl kaum von der erwarteten Zeit ab. „Old Faithful" ist das spektakulärste Schaustück der Natur, aber für den naturbegeisterten Wanderer gibt es noch tausend andere zu entdecken.
Der erste Weiße, der die Wunder am Yellowstone River erblickte, war im Jahre 1807 John Colter. Colter war Mitglied der berühmten „Far West Expedition", die Präsident Thomas Jefferson unter der Führung von Lewis und Clark an den Pazifik entsandte. Auf dem Rückweg erbat sich Colter von den Expeditionsleitern die Erlaubnis, die Gruppe zu verlassen, um nach Biber zu trappen. Vielleicht hatte er von Indianern schon etwas über die Yellowstone-Wunder erfahren? John Colter gelangte tatsächlich zu den vulkanischen Naturerscheinungen am Yellowstone River. 1810 kehrte er nach St. Louis zurück und erzählte von kochendem Schlamm, Geysiren, von siedend heißen Bächen. Niemand wollte seinen Erzählungen Glauben schenken. Aber Clark fügte Colters Extratour zum Yellowstone unter dem Titel „John Colters Route in 1807" in den offiziellen Expeditionsbericht ein. Wenn auch viele damals in Colter einen Märchenerzähler sahen, ist er doch durch Clarks Eintragung in die amerikanische Forschungsgeschichte eingegangen. Und schließlich haben sich seine Erzählungen auch noch bewahrheitet.
17 Jahre nach Colter kam Jim Bridger an den Yellowstone River und hielt sich zwischen 1841 und 1844 abermals in diesem Gebiet auf. Bridger war ein Partner der Rocky Mountain Fur Company und verbrachte sein Leben in den Rockies. Oft blieb er viele Monate in totaler Einsamkeit weit weg von den wenigen Siedlungen, die es damals in dem Territorium gab, aus dem der Bundesstaat Montana hervorgehen sollte. Der erfahrene Jäger und Trapper muß in jener Zeit eigentlich alles gesehen haben, was es an Naturphänomenen in dieser Landschaft gibt. Nathaniel Pitt Langford, ein

führendes Mitglied der berühmt gewordenen Washburn-Expedition von 1870, holte sich von Bridger Informationen über die von allen angezweifelten Naturwunder, die letztlich auch den Anstoß für die spätere Expedition gaben. Bridger erzählte Langford von einer Wassersäule, die aus der Erde hervorbricht „...so hoch wie der Flaggenmast von Virginia City, welcher 20 m hoch ist". Langford ging davon aus, daß Bridger sicher nicht der Mann sei, der sich eine solche Naturerscheinung vorstellen könnte, wenn er sie nicht tatsächlich gesehen hätte. Aber außer Langford glaubte ihm niemand, und er erlebte das gleiche Schicksal wie sein Vorgänger Colter, er wurde Märchenerzähler genannt.

Vielleicht als Reaktion darauf übertrieb Bridger das wirklich Gesehene maßlos und wurde dadurch nur noch unglaubwürdiger. Von den netten Geschichten, die überliefert sind, ist vielleicht die folgende, in der er von einem Berg aus Glas erzählte, die amüsanteste: Vor diesem Glasberg stand ein Elch, und der zielsichere Bridger schoß mehrmals auf ihn. Doch der Elch fiel nicht. Ungläubig rannte Bridger zum Tier, das längst hätte tot sein müssen und stieß dabei an den Glasberg. Nun erst sah er, daß der Elch hinter dem Berg stand und die vergrößernde Wirkung des Glases ihm den Elch so nahe hatte erscheinen lassen. Am Yellowstone gibt es vulkanisches Glas, vielleicht hat Bridger dieses gesehen, und dabei ist die Fantasie mit ihm durchgegangen.

Auf der Suche nach Gold kam der Prospektor De Lacy im Jahre 1862 aus dem Süden, von Jackson Hole, in das Gebiet des heutigen Nationalparks. Gold fand er zwar keines, aber auch er brachte Berichte von phantastischen Naturschauspielen mit, die wieder die Runde machten. Immer mehr Abenteurer drangen in die Yellowstone-Wildnis ein, und es kursierten immer mehr Nachrichten von den Naturwundern. Von jenen Naturwundern, die später einmal Millionen Menschen begeistern würden.

Nach langen Vorbereitungen, vor allem durch Nathaniel Pitt Langford, machte sich 1870 die Washburn-Langford-Doane-Expedition auf den Weg. Die 19köpfige Mannschaft setzte sich hauptsächlich aus honorigen Persönlichkeiten zusammen. Ihre Berichte würde niemand anzweifeln. Nach und nach erreichten sie die Stellen, die später so berühmt werden sollten. Der Höhepunkt der Expedition war die Entdeckung des großen Geysirbeckens. Am 19. September 1870 vollführte der mächtige Old Faithful zum ersten Mal seine Show vor Menschen, deren Bericht man Glauben schenken sollte. Der Weg Old Faithfuls zur Weltberühmtheit hatte begonnen. Die Washburn-Expedition bezog ihr Camp am Rande der Geysire. Am Lagerfeuer wurde beraten, was man mit den Entdeckungen anfangen sollte. Sollte man sich privat das Land aneignen und es vielleicht kommerziell nutzen? Ein angesehener Richter aus Montana, Cornelius Hedges, schlug vor, dieses Gebiet nicht in private Hände geraten zu lassen, sondern es unter den Schutz des Staates zu stellen.

Damit war im Yellowstone Urwald die Nationalparkidee geboren – wohl stark inspiriert von den Kaliforniern. Ihnen gelang es bereits acht Jahre zuvor, Präsident Abraham Lincoln dazu zu bewegen, das Yosemite-Valley unter staatlichen Schutz zu stellen. Damals war es nur in aufwendigen Expeditionen möglich, das Yellowstone-Gebiet zu erreichen. Die Veröffentlichungen der Washburn-Expedition wurden von allen mit Bewunderung aufgenommen und erreichten 1871 sogar den Congress.

Nun waren es nicht mehr John Colters und Jim Bridgers Fabelwelten. Die Yellowstone-Wunder waren jetzt echt!

Noch im selben Jahr entsandte die Regierung eine wissenschaftlich-militärische Expedition unter der Leitung von Dr. Ferdinand V. Hayden in die Yellowstone-Wildnis. Im Team waren auch der Naturfotograf William Henry Jackson und der Maler Thomas Moran. Die Fotos von Jackson können wir heute im Visitorcenter bewundern, und ein Bild von Thomas Moran ist am Artist Point vor dem Lower Fall des Yellowstone River zu sehen. Die Berichte der Hayden-Expedition, unterstützt und veranschaulicht durch die Fotos und Skizzen der beiden Künstler Jackson und Moran, verfehlten ihre Wirkung auf die Mitglieder des Congress nicht. Am 1.März 1872 unterzeichnete Präsident Ulysses Simpson Grand den Widmungsakt für den Yellowstone-Nationalpark, um für „alle Zeiten seine Wunder zu erhalten, zum Nutzen und zur Freude der Menschen". Eine große Idee war Wirklichkeit geworden und stand am Anfang einer die ganze Welt umspannenden Entwicklung.

DAS GROSSE YELLOWSTONE-FEUER 1988

Waldbrände - Segen und Fluch

Am 24. Mai 1988 entzündete ein Blitzschlag im Yellowstone-Nationalpark einen Waldbrand. Innerhalb eines Tages erschöpfte sich das Feuer, nachdem ein halber Hektar verbrannt war. Es schien Routine - und das war es zunächst auch. Doch der Sommer 1988 sollte anders werden. Bis am 18. November jenes Jahres die Nationalparkbehörde endlich das Ende der Waldbrände bekannt geben konnte, brannten den Sommer über insgesamt 249 verschiedene Feuer im Park und hatten 36% der Waldfläche erfaßt und auch zum großen Teil vernichtet. Das waren immerhin mehr als 400 000 Hektar! 25 000 Feuerwehrleute, Soldaten aller Waffengattungen und Mitglieder der Nationalgarde kämpften gegen das Feuer, aber nur, um Menschenleben zu schützen, zu verhindern, daß die Brände über die Nationalparkgrenze hinausgreifen würden und um die Bauwerke im Park zu schützen. Wie etwa den von allen geliebten Old Faithful Inn.

Die Aufgabe gestaltete sich sehr schwierig, da der Sommer 1988 außergewöhnlich trocken war und sich verschiedene Feuer vereinigten und absolut unbeherrschbare Größen erreichten. Die „Feuerphilosophie" im Sommer 1988 verfolgte das Ziel, ausschließlich Feuer zu bekämpfen, die Leben und Bauwerke gefährdeten und von Menschen verursacht waren. Natürlich entstandene Waldbrände, wie etwa durch Blitzschlag, ließ man brennen als einen integralen Teil des ökologischen Prozesses, der sich im Naturschutzgebiet Yellowstone-Park vollzog.

Die dominante Baumart im Yellowstone-Gebiet ist die Lodgepole Pine. Diese zu Millionen auftretende Fichte ähnelt einem dünnen Telefonmasten mit einem Christbaum an seiner Spitze. Die Lodgepoles wachsen so dicht, daß sich die Wälder im wahrsten Sinne des Wortes erdrosseln. Der Zapfen einer Lodgepole öffnet sich nur in der Hitze, die im Feuer eines Waldbrands entsteht und gibt nur so seine Samen frei. Die Lodgepole-Wälder im Yellowstone sind in Größe, Dichte und Alter sehr einheitlich, wobei bei den meisten Bäumen das Alter zwischen 250 und 300 Jahren liegt.

Im Nationalparkgebiet kommt es jedes Jahr zu Waldbränden. Die Masse der Lodgepole jedoch zeigt, daß das letzte Feuer einer Größe, wie es

1988 brannte, rund 300 Jahre zurück liegt. Damit schloß sich mit dem Großbrand im Sommer 1988 ein Zyklus, der vor rund 300 Jahren begann. Die Samen der in der Hitze geöffneten Lodgepole-Zapfen fielen in ein fruchtbares Beet, in dem durch das Feuer der Bodenchemismus erneuert wurde, die Flammen alles Abgestorbene und Kranke, das auf dem Boden lag, weggebrannt hatten. Mit Vehemenz wuchsen die Jungbäume auf. Wenige Jahre nach dem Feuer waren die auf dem Boden liegenden Baumleichen kaum noch zu sehen. Sie liegen nun als unsichtbarer Dünger im Jungwald. Hunderttausende von Baumleichen stehen kahl in der Landschaft und erinnern an das große Feuer. Die Waldbrandexperten meinen, daß etwa bis zum Jahre 2008 die allermeisten von ihnen auf dem Boden liegen werden. Dann wird sich der Yellowstonewald vollständig erneuert haben.

Als 1988 die Naturschützer für ihre Einstellung kämpften, daß in einem Naturschutzgebiet der Mensch die Natur nicht steuern, nicht in die natürlichen Abläufe eingreifen dürfe, selbst dann, wenn ein Großbrand riesige Waldflächen vernichte, hatten sie nicht von allen Zustimmung erhalten. Viele meinten, daß es nie mehr einen schönen Yellowstonepark geben würde. Auch ich gehörte zu jenen. Es war so deprimierend, diese schwarzen, schwelenden Waldböden zu sehen, aus denen die verkohlten Baumleichen herausragten. Ich schenkte auch den Beteuerungen der Nationalparkbehörde kaum Glauben, die versicherte, daß in drei Jahren alle Pflanzen wieder zurückgekehrt sein würden und das Feuer für das Gedeihen eines Waldes lebensnotwendig sei. In den Jahren seither habe ich, wie ungezählte andere auch, in der wunderbaren Erneuerung des Waldes am Yellowstone zu verstehen gelernt, welche Naturwunder ein Waldbrand hervorbringen kann. Der Yellowstone, den wir vor 1988 kannten, ist verschwunden, den gibt es nun die nächsten hundert Jahre nicht mehr. Aber „der Yellowstone-Nationalpark", sagte ein Parkranger in einer Führung: „...ist kein Museum, sondern ein lebendiges, funktionierendes Ökosystem. Der Waldbrand hat darin seine wichtige Funktion. Und wir dürfen nicht erwarten, daß es in dieser vitalen Natur keine Veränderungen geben kann."

Natürlich beschäftigt jeden Besucher des Parks die Frage, was damals im Feuerjahr mit den Tieren geschehen ist. Am schlimmsten hat es sicherlich die Kleintiere getroffen. Einmal, weil viele nicht tief genug in die Erde konnten, um der Hitze zu entgehen. Jene, die es schafften, den Brand über ihre Höhle hinwegbrausen zu lassen und das Inferno überlebten, fanden sich auf einem Boden ohne Vegetation wieder, ohne die gewohnte Möglichkeit, sich verstecken zu können, eine leichte Beute ihrer vielen Verfolger. Im Yellowstone-Nationalpark gibt es mehr als 30 000 größere Tiere, wie den Bison, Hirsche, Elche, Rehe, Kojoten und Bären. Unter diesen Tieren waren die Verluste relativ gering. So kamen in den Flammen 269 Hirsche, 4 Rehe, 2 Elche, 9 Bisons und 6 Bären um. Es war damals ein ungewöhnlicher Anblick, der sich bot, als mächtige Bisons seelenruhig dicht neben den Flammen grasten. Im darauffolgenden Winter beobachtete ich, wie Hirsche die angebrannte Rinde von den dürren Baumleichen fraßen. Die Ranger erklärten mir dann, daß durch den Brand der Zuckergehalt in der Rinde gestiegen sei.Im undurchdringlichen Dickicht abgestorbener Waldteile entstanden durch das Feuer Lichtungen, und der einst lichtlose Waldboden begrünte sich rasch. Die Tiere hatten nun mehr Futter als vor dem Brand.

Der Bison

Die Urzeit Nordamerikas scheint zurückgekehrt, wenn man die massigen Bisons im Winter erlebt. Mit ihren mächtigen Schädeln durchwühlen sie den Schnee, um an die Äsung zu kommen. Der Atem friert ihnen im Gesicht, daß gerade noch die Augen hervorschauen. Am Fire Hole River erlebte ich an einem kalten Winterabend das archaische Amerika.

Bison oder Buffalo? Beides sind Namen für den wilden Verwandten des Rindes, der in Nordamerika seit der Eiszeit in den großen Prärien lebte. Bison ist der wissenschaftliche Name und bezieht sich auf die Gattung und die Art: Bison bison. Die weitaus gebräuchlichere Bezeichnung ist jedoch „Buffalo". Sie leitet sich vielleicht vom französischen „les boeufs" für Rind oder Ochse ab. Im Nationalpark fanden diese Tiere, die einst das Bild der Prärien beherrschten, ihre sichere Heimat. Als die ersten Europäer nach Nordamerika kamen, lebten in den Prärien nach Schätzungen etwa 50 bis 100 Millionen Bisons. Die ersten Pioniere, die westwärts zogen, berichteten von geschlossenen Herden mit einer Ausdehnung von 50 mal 100 km. Die Raddampfer auf dem Missouri mußten manchmal tagelang warten, weil eine große Herde den Fluß querte.

Kaum 90 Jahre später waren nahezu alle Bisons zwischen dem Mississippi und dem Pazifik ausgerottet. Das große Töten begann, als die Eisenbahnen in den Westen gebaut wurden. Der berühmte „Buffalo Bill" Cody brüstete sich damit, in 18 Monaten 4200 Buffalos getötet zu haben. Er verkaufte das Fleisch an die Arbeiter der Eisenbahngesellschaften. Das beste Handelsobjekt aber waren die Häute. In den verschiedenen Industriebereichen benötigte man Kilometer an Antriebsriemen für die Maschinen. Die Buffalohaut eignete sich dafür am besten. 200 000 solcher Häute wurden allein in der Saison 1876–77 in Nordtexas verkauft. Damit ließ sich ungeheuer viel Geld verdienen. Es hat Jäger gegeben, die beim Preis von 3 Dollar für eine Haut im Monat 6000 Dollar verdienten. Das war dreimal so viel Geld, wie damals der Präsident der USA im Monat bezog. Die Gier und Brutalität, mit der man den Bisonherden zusetzte, übertraf bei weitem den Goldrausch. Inmitten des rohen Schlachtens gab es aber schon erste Stimmen des Protestes. Sie wurden jedoch überhört oder unterdrückt. Das Geschäft lief zu gut. Und wo hätten die vielen Siedler, die nach Westen strömten, mit Millionen Bisons in den Prärien ihr Land gefunden? Die Herden mußten weg!

Nachdem der Pulverdampf verweht und die Prärien leergefegt waren, kam es zu einem Neuanfang, zu einer Wiedergeburt des Bisons. In staatlichen und privaten, weit über Nordamerika verstreuten und bis hinauf an die Ufer des McKenzie in Kanada reichenden Nationalparks und Wildschutzgebieten fanden diese Urwelttiere ihre letzte, aber nun sichere Zuflucht. Während in vielen dieser Schutzgebiete die Bisons eingezäunt und beaufsichtigt leben, können die Yellowstone-Parkranger stolz sagen, daß ihr Bestand von etwa 2000 Tieren die einzig wirklich frei umherziehende Herde der USA ist. Ihr Lebensraum ist immerhin mehr als eine Million Hektar groß. Auch im Yellowstone-Park war der Anfang bescheiden. 200 Bisons hatten in der Abgeschiedenheit und Unwegsamkeit des weiten Parkgeländes überlebt. Mit viel Idealismus und staatlichem Geld hat die „American Bison Society" das nahezu ausgerottete Tier in das Bild amerikanischer Landschaften zurückgebracht. Insgesamt leben heute wieder rund 200 000 Bisons in Nordamerika. Der Yellowstone-Park ist einer der schönsten Plätze, wo man diese mächtigen Tiere sehen kann.

Aus den heißen Quellen von „Mammoth Hot Springs" sprudelt kalkhältiges Wasser. Im Fließen bauen sich die Kalke ab und erzeugen immer neue Strukturen. Unablässig wandelt sich das Bild. Aktive Quellen produzieren blütenweißen Kalke. An weniger aktiven Quellen verfärben sich die Strukturen durch Algen in allen Farbschattierungen.

Der Winter im Yellowstone ist grimmig kalt. In den Kalksinterterrassen von „Mammoth Hot Springs“ mischen sich in der Kälte Wasserdampf, Schnee, Eis und Kalk zu feinsten Farbimpressionen.

Die Sinterkalklandschaft in der Nähe des „Old Faithful“ ist reich an vulkanischen Wunderwerken. Unter den vielen dort schlummernden Geysiren ist sicherlich der „Beautyful Pond“ einer der schönsten.

„Grand Prismatic Spring" ist mit 110 m Durchmesser die größte heiße Quelle des Parks. Vom kreisrunden Wasserauge, das auf dem höchsten Punkt einer sanften Kuppe liegt, fließt dampfendes Wasser über bunte Kalkstrukturen.

Der Star unter den Yellowstone-Geysiren ist der „Old Faithful". Auf ihn kann man sich verlassen! Seit über hundert Jahren wird er beobachtet; wird er erlebt. In all diesen vielen Jahren kam er pünktlich, von kleinen Abweichungen abgesehen, stündlich einmal emporgeschossen.

In ungehemmtem Wachstum erdrosselt sich der Wald in der Wildnis. Waldbrände sind das von der Natur geschaffene Regulativ. Das große Yellowstone-Feuer von 1988 hat die gesamte Natur im Gebiet des Nationalparks erneuert.

Die erlebte Urwelt. An einem eiskalten Jännertag am „Firehole River“ entstand dieses Bild des archaischen Amerika. Im Yellowstone-Nationalpark fand der nahezu ausgerottete Bison eine sichere Zufluchtsstätte.

DEVILS TOWER NATIONAL MONUMENT

Der Yellowstone-Nationalpark liegt in der Nordwestecke des Bundesstaates Wyoming und zeigt die spektakulärsten vulkanischen Erscheinungen. In der Nordostecke Wyomings jedoch ist der Boden wieder vulkanisch oder war es wenigstens vor Jahrmillionen. Das beeindruckende Ergebnis jener längst zum Stillstand gekommenen vulkanischen Ereignisse ist der Devils Tower. Dieser Turm ist das absolut Beste, was man an Säulenbasalten auf unserem Erdball sehen kann. Der Devils Tower braucht seine Großartigkeit mit keinem anderen Naturwunder solcher Art zu teilen. Er ist eine geologische Weltsensation und einzigartig! Der Turm, der aus einem Bündel von Tausenden Basaltsäulen besteht, überragt das sanfte Hügelland um 390 m. Was wir heute sehen, sollte man sich als den flüssigen glühenden Kern eines vulkanischen Ausbruchs vorstellen. Das Magma erreichte jedoch nicht die Erdoberfläche, sondern blieb knapp darunter stecken. Dieser Vorgang ereignete sich vor rund 50 Millionen Jahren. Im Erkalten formten sich die fünf- und sechseckigen Basalte. Nun steckte in der weichen Erde ein stahlharter Pfropfen. Im Verlaufe von Jahrmillionen schwemmten Flüsse die Erde fort, und zurück blieb dieses Naturmonument.

Eine solch ungewöhnliche Bergform, die das Land überragt, mußte natürlich die Menschen, die seit Jahrtausenden an ihrem Fuße lebten, zutiefst beeindrucken. Der Devils Tower wurde zum heiligen Berg für viele Indianerstämme. Sie nennen den Basalttum „He Hota Paha", was man mit „Grauer Hornberg" übersetzen könnte. Aber nicht nur den Indianern ist dieser Berg heilig, auch die Kletterer verehren dieses Prachtfelsgebilde, wenn auch aus anderen Motiven. Seit der Basaltturm im Jahr 1927 erstmals erklettert wurde, entstanden immer mehr neue Kletterrouten durch die kerzengeraden Risse entlang der Basaltsäulen. Der Juni wurde für die Kletterer zum bevorzugten Monat. Im Mai ist es mitunter noch ziemlich kalt, ab Juli ist die Hitze enorm.

Mit der Revitalisierung der Stammeskulturen und dem Erwachen eines neuen Selbstwußtseins der „Nativ Americans", kam es durch die unterschiedlich motivierte Verehrung zu Konflikten. Die Nationalparkbehörde, die das National Monument verwaltet und betreut, verhängte ein Kletterverbot für den Monat Juni. Dagegen klagten einige Bergsteiger. Die Angelegenheit ist zur Zeit noch in Fluß. Der Sioux-Häuptling „Arvon Looking Horse" argumentiert damit, daß die Indianer auch nicht auf die Kirchen und Monumente der Weißen klettern und dort Eisenstifte einschlagen würden. Außerdem sei dies eine Sache des Respekts.

Als ich den Devils Tower mit meinem amerikanischen Bergfreund Don Hulz erkletterte, gab es all diese Probleme nicht. Wir stiegen nämlich im Juli auf den Turm. Dabei war es unwahrscheinlich heiß. Auf dem Gipfel hatte ich nicht das Gefühl, auf einem Berg zu stehen, denn der höchste Punkt ist kein Gipfel, sondern eine ebene, fast kreisrunde Wiese und so weit das Auge reicht, sind nur sanft rollende Hügel zu erspähen.

Von allen Bergen, die ich in Nordamerika erstieg, blieb der Devils Tower der kurioseste. Um den grauen Felsturm führt ein schmaler Weg immer dicht an den Wänden entlang. Diese Wanderung, bei der man Genickschmerzen bekommt, vermittelt ein ungewöhnliches Naturerlebnis, das nicht zu übertreffen ist.

Die bedeutendste aller Säulenbasalt-Formationen dieser Welt heißt „Devils Tower“ und ragt in Wyoming 390 m über einem sanften Hügelland auf. Für die Indianer ist es ein heiliger Berg. Im Juni versammeln sich Cheyenne-Sioux und mindestens 20 andere Stämme am Fuße des Berges, um die Sommersonnenwende zu feiern.

Hoch über dem Yosemitetal, am „Sunset Point", erzählt der Parkranger vor der prachtvollen Kulisse des „Half Dome" von der Geschichte des Yosemite. Dabei bringt er „Schmankerln", die man in keinem Buch lesen kann.

YOSEMITE

Yosemite ist mehr als nur der Name eines Gebietes, eines Nationalparks. Yosemite ist der Begriff für die glattesten Riesenwände, die die kühnsten Wände der Alpen übertreffen. Yosemite ist auch das Lockwort für jene, die ursprünglichste Bergwildnis für sich allein, ungeteilt, erleben wollen. Wanderpfade von insgesamt 1200 km Länge (!) in einem Nationalpark mit einer Ausdehnung von rund 400 000 Hektar geben jedem die Einsamkeit, die sich so mancher wünscht. Die Zahl von vier Millionen Besuchern pro Jahr konzentriert sich auf den Bereich des berühmten Yosemite Valley und ein paar andere prominente Punkte. Der Rest ist Urlandschaft – menschenleer.

In den glatten Granitwänden des Yosemite am El Capitan und am Half Dome ist um 1960 – in den heißen 60er Jahren – eine neue Kletterer Generation geboren worden. Das Klettern wurde, von hier ausgehend, in der ganzen Welt revolutioniert. Das Wort „unmöglich" verschwand aus dem Sprachgebrauch. Menschen, die diese, nun doch nicht mehr unmöglichen Wände durchsteigen, sind keine Alltagsmenschen. Es sind auch keine Wochenendbergsteiger. Wer solche Wände beherrschen will, kann eigentlich daneben nichts anderes tun. Die Erstdurchsteiger der 1000 m hohen Wand am El Capitan, der „Nose", hingen drei Wochen an aalglatten Wänden in den Seilen. In drei Wochen konnten sie kaum einmal einen Fuß auf ein Felssims aufsetzen, jede Nacht schliefen sie in Hängematten viele hundert Meter über dem Abgrund. Heute ist die „Nose" ein Klassiker unter den Yosemite-Kletterrouten und wird oft an einem einzigen Tag bezwungen – und auch im Alleingang. Die Yosemite-Kletterrunde ist eine Gruppe von Lebenskünstlern, die alles unglaublich locker sehen und in gewissem Sinne ausgestiegen sind. Manche auch nur auf Zeit. Die mittlerweile Ergrauten aus den besagten 60er Jahren zieht es immer noch ins „Tal" zurück, in dem einst ein „Joint" in ihren Runden kreiste. – Einst? Wer die heutigen Berichte der Superkletterer verfolgt, erfährt von kameradschaftlicher, internationaler Runde, die um das Lagerfeuer sitzt, und liest von Marihuana und Bier. Wie einst. –

Mit der Durchsteigung der Riesenwände im Yosemite hat das Erlebnis dieser Landschaft eine neue Dimension erhalten: das vertikale Yosemite, das einer winzigen Schar extremster Kletterer vorbehalten bleibt, fügte sich hinzu. Nicht vergessen werden sollte die kühne Tat des George Anderson, der bereits im Jahr 1875 allein den Half Dome erstmals erstieg! Für die damalige Zeit, die zur Verfügung stehende Ausrüstung und die allgemeine Einstellung eine geradezu unvorstellbare Leistung!

Durch Jahrtausende lebten Indianerstämme in dieser unvergleichlichen Landschaft. Wildreiche Wälder, Feuerholz im Überfluß, glasklare Bäche und Seen mit reichlich Fischen, Beeren und Kräuter auf den Bergwiesen und immer umgeben von der unbetretbaren Welt der Felsdome, die sie mit Fabeln und Mythen belebten. Wie alle Naturvölker der Erde blieben auch die Stämme, die die Yosemite-Felsenwelt bewohnten, nicht allein. Die Weißen kamen schließlich auch in die entlegensten Gebiete, zu denen diese Wildnis lange Zeit hindurch gehörte. 1776 erhielt das gesamte Gebirge durch Padre Pedro Font seinen Namen: „Sierra Nevada". Pater Pedro blieb dem eigentlichen Gebirge zwar fern, doch die friedlichen Zeiten der Stämme waren bald dahin. In den Jahren, in denen die Weißen den Westen eroberten und Pelztierjäger und Goldsucher die abgeschiedensten Landschaften durchstreiften, lebten Miwok-Indianer im Gebiet des heutigen Nationalparks. 1848 fanden die Eindringlinge nördlich des Yosemite Gold. Damit war das Schicksal der Urbewohner besiegelt. Vom Beginn des Zusammentreffens der Indianern und der Weißen an kam es zwischen ihnen aus den unterschiedlichsten Gründen zu Konflikten, die Mord und Totschlag nach sich zogen. Die Goldsucher organisierten ein Freiwilligenbataillon zur Indianerbekämpfung. Im Zuge dieser Ereignisse gelangte eine Abteilung mehr oder weniger durch Zufall in das eigentliche Yosemite-Tal. Der Feldarzt der Einheit, Lafayette Bunnell, war wohl der erste Weiße, der von der schöpfungsnahen Erhabenheit des Tales ergriffen war. Er benannte es zur Erinnerung an den hier heimischen Stamm „Yosemite". Der Name ist abgeleitet von „uzumatis", was in der Sprache der Miwok Grizzlybär bedeutet und durch die Phonetik der Stammessprache das uns so vertraut gewordene „Yosemite" ergab. Nach den unglückseligen Auseinandersetzungen zwischen Weißen und Indianern und der nachfolgenden Befriedung kamen auch schon die ersten Touristen. Im Jahre 1859 traf der erste Fotograf im Yosemite-Tal ein. Es war Charles Leander Weed, der mit seinen großformatigen Fotografien der Welt die Schönheiten dieser einzigartigen Landschaften zeigte. Auch die Maler Albert Bierstadt und Thomas Moran warben mit ihren prachtvollen Gemälden für diese Entdeckung, die später Millionen Menschen begeistern sollte. Das erste Hotel entstand, und die Pfade, die in das Gebiet führten, wurden immer besser ausgebaut.

Wie wir in diesem Buch schon mehrmals gesehen haben und noch sehen werden regte sich auch im Yosemite früh der Gedanke, die Besonderheit dieser Landschaft unter Naturschutz zu stellen. Und tatsächlich gelang es bereits 1864, das Yosemite Valley unter staatlichen Schutz zu bringen. Wieder spielte dabei die Fotografie eine eminent wichtige Rolle. Die Bilder von Carleton Watkins, die hervorragende Yosemite-Ansichten zeigten, bewogen Präsident Abraham Lincoln, das Yosemite-Tal und die Stände der Riesensequoien unter Schutz zu stellen. Zur gleichen Zeit tobte im Osten der Bürgerkrieg!

Der Nationalparkgedanke lag förmlich in der Luft, und zu Recht sehen sich die Kalifornier als die Initiatoren der Nationalparkidee, wenn auch der Yosemite-Nationalpark erst im Jahre 1890 proklamiert wurde und die Weltpremiere eines Nationalparks bekanntlich bereits 1872 im Yellowstone erfolgte. Untrennbar mit dem Begriff Nationalpark im allgemeinen und im besonderen dem Yosemite verbunden bleibt John Muir. Jahrelang durchstreifte er die Sierra mit dem geschärften Auge des Beobachters, der stets den Zusammenhängen in der Natur auf der Spur ist. Er selbst nannte es „die neue Art zu sehen ..." Muirs Blick für die Naturbeobachtung war schon geschärft, als er das Yosemite-Tal zum ersten Mal betrat. Hinter ihm lag damals bereits sein legendärer 1000 Meilen Marsch von seiner Heimat Indiana zum Golf von Mexico, den er allein unternommen hatte. 1868 geriet Muir in den Bann Yosemites. Er kam als Schafhirte in die Sierra! In seinem Buch „My First Summer in the Sierra" können wir diesen Weg mit amüsantem Lesevergnügen nachvollziehen. Die Übernahme der Aufgabe, eine Schafherde zu den Weiden im Yosemite zu führen, verschaffte ihm die Gelegenheit, in diese Landschaft zu gelangen. John Muirs Auseinandersetzung mit der Natur fiel in eine Zeit aufkommender evolutionärer Theorien und neuer geologischer Erkenntnisse. Die jahrhundertealte religiöse Sehweise der Entstehung der Welt und ihrer Naturphänomene wurde in ihren Grundfesten erschüttert. Plötzlich wußte niemand mehr so recht, wie die Welt zu sehen sei.

John Muir fand für sich heraus, wohin der Blick zu richten war. Er sah alles im großen Zusammenhang, das Universum war für ihn ein Räderwerk, in dem jedes Rädchen seine Bedeutung hat und jede Lücke Auswirkungen auf das Ganze bedeutet. Muirs ökologische Visionen gewannen allmählich einen profunden Einfluß. Unermüdlich publizierte er in Zeitungen und Magazinen seine Anschauung von der Notwendigkeit, in der Natur die Ganzheit zu bewahren. Aus vielen Beispielen aus der Natur Yosemites abgeleitet, entstand das Fundament, auf dem das Nationalparkkonzept gedeihen konnte.

John Muir und die Nationalparkidee sind untrennbar miteinander verbunden. Auch der Yosemite-Nationalpark, für dessen Entstehung Muir unermüdlich warb, ist für immer mit seinem Namen verknüpft.

Nicht alle Zeitgenossen Muirs waren von seinen Visionen oder konkreten Naturbeobachtungen angetan. Man kann sich heute schwer vorstellen, daß es in Muirs Zeiten noch große Zweifel daran gab, wie die Yosemite-Granitberge ihre Formen erhalten hatten. Die Geologen seiner Zeit vertraten die Ansicht, die Yosemite-Berge seien das Relikt einer längst vergangenen geologischen Epoche. Anders sah dies Muir, der auf seinen ausgedehnten Wanderungen die eindeutigen Spuren der schürfenden und formenden Arbeit von Gletschereis erkannte. Er hatte, wie er es selbst nannte, ein „glaziologisches Auge“ entwickelt. Für seine Yosemite-Gletschertheorie schalt ihn Josiah Whitney „einen ungebildeten Schafhirten“. Im Yosemite gab es keine und gibt es keine Gletscher, das war die unumstößliche Aussage Whitneys, des Chefgeologen des Staates Kalifornien. Doch Whitney mußte noch miterleben, daß John Muir auf dem Merced Peak einen aktiven Gletscher entdeckte.

John Muirs Theorie von der Formung der Yosemite-Landschaft durch die Arbeit der Gletscher ist heute Allgemeingut – belegt durch alle Strategien glazialmorphologischer Forschung. Und nun, da alle diese Vorgänge so gut erklärt sind, sind sie auch für jedermann sichtbar. John Muirs „glaziologisches Auge“ nahm eben vieles wahr, was man nicht unmittelbar sehen konnte. Und es brauchte für viele einige Zeit, um dies nachvollziehen zu können.

Der Yosemite-Nationalpark wurde zum beliebtesten Park Kaliforniens und wird, wie erwähnt, sehr häufig besucht. Die relative Nähe von Los Angeles und San Francisco wirkt sich dabei natürlich besonders positiv aus. Dennoch führen viele Wanderungen – auf Muirs Spuren – in so gut wie menschenleere Gebiete. Unter diesen Wanderzielen befindet sich auch ein „billiger Viertausender“, der Mt. Dana, den wir vom Tioga-Paß aus erstiegen. Der Paß liegt in 3031 m, und mit einem Aufstieg von nur 1300 Höhenmetern standen wir auf der stolzen Höhe eines Viertausenders! Wälder, blanke Granitflanken mit sanfter Neigung, klare Bergseen und viel Stille lagen auf unserem Weg. Der Gipfel war von einigen fetten Murmeltieren, den „Yellowbellid marmot“ bewohnt. Ihre Neugierde und Zutraulichkeit ließen erahnen, daß dieser Gipfel häufiger besucht wird, als man nach den wenigen Spuren, die wir fanden, erwarten würde.

Der Mt. Dana liegt an der Straße, die meisten anderen höheren Berge, die man im Yosemite so einfach erwandern kann, erfordern tagelange Märsche. Im Yosemite-Nationalpark gibt es schon einige bedeutende Stände, „groves“, von Riesensequoien, dem botanischen Höhepunkt der Sierra Nevada, die wir im anschließenden Sequoia-Nationalpark erleben können.

Der donnernde Wasserfall ist nur ein Abschnitt der Yosemite-Fälle, die eine Höhe von insgesamt 700 m aufweisen.

Von Romantik, Friedfertigkeit und auch ein bißchen Ausgeflipptheit erzählt dieses Bild. Die nunmehr ergrauten „Hippies" der sechziger Jahre treffen sich immer wieder gerne im Yosemitetal.

Das Yosemitetal mit zwei seiner berühmten Merkmale, dem „Bridalveil-Fall" mit mehr als 200 m Fallhöhe und – gegenüber – der Tausendmeterwand des „El Capitain", des beliebtesten Kletterberges im Yosemite.

Die unverwechselbare Form des „Half Dome“ ist das weltweit bekannte Wahzeichen der Yosemite-Granitwelt. Der „Fastdreitausender“ ist von allen Seiten beklettert, auch durch die lotrechte Westwand. Extremes Klettern hat im Yosemite Tradition, denn schon im Jahr 1875 bezwang George Anderson erstmals den Gipfel – allein!

700 m über dem Einstieg, am 4. Tag in der Wand. Die beiden Kletterer hatten am glatten Fels in Hängematten biwakiert. Der Seilerste bezwingt gerade einen Dachüberhang. Morgen vielleicht erreichen sie den Gipfel des „El Capitain". Neben dem Zweiten hängt der ganze Versorgungstroß: Wasser, Essen, Biwakzeug, Extraseile. Alles muß mühsam nachgezogen werden.

Auf dem Weg zum Gipfel des Mt. Dana liegt in fast 4000 m Höhe dieser See. Er erzählt, wie unzählige andere auch, von der einstigen Vergletscherung des Yosemite.

SEQUOIA/KINGS CANYON

Die größten lebenden Dinge der Erde, so nennen die Amerikaner stolz die Riesenbäume an den Westabhängen der Sierra Nevada, die Sequoien. Und zu Recht sind sie auch stolz auf den Nationalpark, der die Bäume schützt. Nach dem Yellowstone ist er der älteste Nationalpark der USA und wurde schon im Jahre 1890 gegründet. Das war damals eine turbulente Zeit. Und die Nationalparkgründung kam in allerletzter Minute. Viele Jahrhunderte hindurch hatten nur die in der Sierra Nevada lebenden Indianer die Riesenbäume gekannt und sicher auch verehrt. Es waren Stämme der Shoshonen. Vor allem im heißen Sommer jagten sie in den kühlen Höhen der Sierra, wo die meisten der Sequoien standen – und gottlob auch heute noch stehen.
Zu Beginn des 19. Jahrhunderts trafen die Indianer mit den ersten Weißen zusammen. Es waren Trapper und „Mountain Men", meist Männer, die mit indianischen Frauen zusammenlebten und die indianische Lebensweise angenommen hatten. Die friedliche Koexistenz von Indianern und Weißen änderte sich schlagartig, als Gold gefunden wurde und Horden wilder Haudegen in die friedvolle Sierrawelt eindrangen.
Die Weißen brachten Krankheiten mit, gegen die die Indianer keine Abwehrkräfte besaßen. 1862 breitete sich unter den Waldindianern eine Epidemie mit Scharlachfieber, Masern und Pocken aus. Indianische Heilkünste halfen dagegen nichts, und zahllose Indianer wurden hinweggerafft. Die wenigen Überlebenden wanderten über die Sierra ostwärts, um eine neue Heimat zu finden. Tausend Jahre hatten die Indianer mit den Riesenbäumen gelebt. Eine kurze Begegnung mit den Weißen genügte, um ihnen die Heimat zu rauben. Im Jahre 1865 lebten keine Eingeborenen mehr im Gebiet des heutigen Nationalparks.
Die Kunde von den riesigen Bäumen drang nun langsam in die Ebenen, die vor der Sierra lagen, hinunter, dorthin, wo Siedlungen entstanden und immer mehr Menschen lebten. Aber niemand wollte den Erzählungen Glauben schenken. Es war alles so unwirklich und im wahrsten Sinne des Wortes unglaublich. 1852 aber erschien ein Zeitungsartikel mit einer Schilderung des gigantischen Ausmaßes dieser Bäume. Das war der Startschuß. Ohne Respekt vor einer solchen Einmaligkeit in der Natur begann das Fällen. Ein Prachtbaum, dem man den Namen „Mark Twain" gegeben hatte, fiel nur deshalb, damit man aus seinem über 80 m hohen Stamm Scheiben herausschneiden konnte. Mit solchen Scheiben wollte man im Osten und sogar in Europa die Größe der Sequoien demonstrieren. Da sich aber diese Scheiben mit einem Durchmesser von 7 m nicht transportieren ließen, mußte man sie in Segmente schneiden und dann wieder zusammensetzen. Darin vermuteten die Menschen einen Trick. Kurz, niemand ließ sich davon überzeugen, daß es solche Bäume wirklich geben könnte, und das Ganze erhielt einen Namen: „The Californian fake", der kalifornische Schwindel.
Wenn man es auch im Osten nicht glauben wollte, hoch oben in der Sierra begann das Fällen der Riesenbäume im großen Stil. Wie immer, wenn es etwas Verwertbares gab, löste das einen „Rush" aus. Gold, Silber – und nun ein Holzrush.
Im Big Stump Basin können wir uns heute noch ein Bild von dieser Zeit machen. 1888 wurde dort noch fleißig geschlägert. Aber zwei Faktoren wirkten schließlich der Abholzung entgegen. Erstens war es unsäglich mühsam, das geschlägerte Holz ins Tal zu bringen. Man baute Holzrinnen, in denen man die Bretter, die man an Ort und Stelle aus den

Im General Grand Grove stehen diese schlanken Sequoien, die in den etwa tausend Jahren ihres bisherigen Lebens schon die volle Höhe von rund 80 m erreicht haben. In den nächsten tausend Jahren werden sie noch erheblich an Umfang hinzugewinnen.

Bäumen herausgesägt hatte, zu Tale sausen ließ. Aber Mühe scheut der Mensch bekanntlich nicht, wenn es um Gewinn geht. Der entscheidende Umstand, der uns diese Bäume letztlich rettete, ist die geringe Qualität des Holzes der Sequoia. Manche Bäume zersplitterten in tausend Stücke, wenn sie nicht sachgemäß gefällt wurden. Das heißt, daß die Holzfäller zuerst ein sogenanntes „Federbett" schaffen mußten. Das ist eine Rinne, die mit Reisig ausgekleidet wurde. In diese Rinne mußte der Baum fallen. Ein Fehler, und der Stamm war verloren.

Da das Material als Bauholz kaum geeignet war, verwendete man es für Zaunpfähle und Eisenbahnschwellen. Es ist himmelschreiend, wenn man eine reife, prachtvolle Sequoia betrachtet, die vielleicht 2000 Jahre in der Sierra aufwuchs, und sich dabei vorstellt, daß solche Exemplare gefällt wurden, um ein paar Zaunlatten daraus zu machen. Amerikas Ikone, der Naturschützer John Muir sagte angesichts des Schlägerns solcher Bäume: „Gerade könnte man auch die Regenwolken, den Schnee und die Flüsse in Stücke schneiden und fortschaffen, wenn dies möglich wäre."

Der Goldsucher und Rinderzüchter Hale Tharp fand, geführt von Indianern, den „Giant Forest", eine der schönsten Ansammlungen von Sequoien. Tharp, der auch in einem hohlen Riesenbaum lebte, der heute noch daliegt und als „Tharps Log" vielen Touristen bekannt ist, betrachtete den Wald der Giganten als sein Eigentum. Welch beneidenswerte Gefühle müssen diesen Menschen beseelt haben.

Den Namen erhielt dieses Herzstück des Waldes der Superlative von John Muir, der Tharp im Jahre 1875 besuchte. Muir, der das Fällen der schönsten Bäume miterlebte, mobilisierte Menschen, die sich durch Landkäufe schützend vor die Baumriesen stellten. Und dieser Aufschrei hatte Erfolg, denn am 25. September 1890 erhielt, wie schon erwähnt, der Sequoia-Nationalpark die Segnung des Congress. Nur eine Woche später wurde das Nationalparkgebiet in seiner Größe verdreifacht. Immer neue Baumgruppen kamen unter Schutz und konnten dem zunächst unübersichtlichen Nationalparkgefüge einverleibt werden. Im Jahre 1943 entstand dann unter einheitlichem Management die Verbindung zweier grandioser Landschaften zu einem Nationalpark: Die hohen Hänge der Sierra mit den vielen Baumriesen darauf und die tiefe, riesige Flußschlucht, durch die unter 1000 m hohen Granitwänden der Kings River fließt, verschmolzen zum „Sequoia – Kings Canyon National Park."

John Muir gründete 1892 den Sierra Club, der bis zum heutigen Tage eine Vereinigung von Menschen darstellt, die im Kernbereich ihrer Zielsetzungen für die Erhaltung einer intakten Umwelt und den Schutz besonderer Naturphänomene eintreten. Der Sierra Club hatte vom Start weg viel zu tun. Wenn auch ein Teil der Riesenbäume unter den Schutz des Nationalparkgesetzes gebracht war, gab es noch keinen wirklichen Schutz. Denn zunächst verwaltete und schützte das Militär die Nationalparks. Im Falle der Sequoien schaute die Armee noch jahrelang weg, wenn Waldfrevler am Werke waren. Erst langsam und mit sehr viel Einsatz des Sierra Clubs griffen die neuen Gesetze.

Die Größe der Riesensequoia – sequoiadendron giganteum – ist letztlich nicht faßbar. Bevor man in den Nationalpark fährt, hat man über die Bäume gelesen, hat Bilder gesehen, Erzählungen gehört und konnte sich doch einen solchen Baum nicht vorstellen. Und auch wenn man sich dann selbst im Wald der Riesen befindet, bleibt alles so unglaublich. Daß eine normale Dorfkirche mit etwa 40 m Höhe sich in diesem Wald wie eine Kapelle ausnehmen und den meisten reifen Sequoien nur bis zur Hälfte ihres Stammes reichen würde, ist selbst dort, unter den Bäumen stehend, schwer faßbar.

Viele der Sequoien, die ich für dieses Buch fotografierte, zeigen Brandwunden. Das ist das normale Erscheinungsbild der reifen, großen Bäume. Das Alter der wirklich großen Bäume liegt bei etwa 1000 bis 3000 Jahren. In dieser Zeit hat es viele Waldbrände gegeben. War eine Sequoia bereits so hoch, daß die Baumkrone nicht mehr von den Flammen erfaßt wurde, konnte sie so gut wie jeden Brand überleben. Im Nationalpark gibt es eine Sequoia, die bis zu 96% verbrannt ist, und dennoch lebt der Baum mit sattgrüner Krone. Wird aber die Baumkrone von den Flammen erfaßt, ist der Baum verloren. Ein Waldbrand fegt den Riesen den Boden frei, sprich, Bäume mit einer Höhe von 20–30 Metern brennen als „Buschwerk" ab, erneuern den Bodenchemismus und geben den ganz großen Exemplaren einen wahren Wachstumskick. Eine reife Sequoia produziert pro Jahr etwa 2000 eiergroße Zapfen. Rund 20 Jahre lang baumeln die Zapfen an den Ästen, ehe sie herunterfallen. Dicht verschlossen, geben sie keine Samen frei. Nur das Eichhörnchen, das Douglas squirrel, und eine Käferart, die die Zapfen anbohrt, öffnen die Schuppen und geben die Samen frei. Auch die Hitze eines Waldbrandes – wie wir es auch bei den Lodgepole Pine im Yellowstone gesehen haben – öffnet die Schuppen. Mit kontrollierten Waldbränden hilft die Nationalparkbehörde nach, um den Aufwuchs von Jungsequoien zu fördern.

Die 2000 Zapfen einer ausgewachsenen Sequioa bergen 500 000 Samenkörner.

Die Rinde der Sequoien ist gut einen halben Meter dick und nahezu unbrennbar. Jeder Riesenbaum hat eine Art Asbestmantel um sich. Dazu kommt, daß die Sequoia Substanzen enthält, die Pilzbefall und Schäden durch Insekten verhindern. Kaum eine Sequoia stirbt an solchen Schäden. Das Absterben der Bäume liegt meistens im ausgesprochen empfindlichen, sehr flachen Wurzelwerk begründet, mit dem sich der Riesenbaum irgendwann einmal nicht mehr halten kann und dann einfach umfällt.

Früher einmal, die Bilder aus der Zeit um 1950 zeigen dies, war es üblich, daß sich Gruppen von 35 bis 40 Menschen die Hände reichten und so die Basis des berühmten „General Sherman Tree" umspannten. Mittlerweile weiß man um die Empfindlichkeit der Wurzeln Bescheid, und solche Gruppenbilder gibt es nicht mehr. Außerdem würden bei der Zunahme des Tourismus heute ja einige hundert Menschen pro Tag auf die Wurzeln des Riesenbaums treten und ihn damit im wahrsten Sinne des Wortes „umbringen".

Das Erfassen der physischen Dimension der Riesenbäume braucht einige Zeit. Ein flüchtiger Blick bewirkt da nichts. Im Grant Grove Visitor Center befindet sich ein Raum, der die gigantische Größe der Sequoien begreifen hilft. Der Raum ist kreisrund, und ein Ohrenstuhl mit eingebauten Lautsprechern steht auf einer Seite des Runds. Nimmt man auf dem Sessel Platz, beginnt eine sonore Männerstimme von den Riesenbäumen zu erzählen. Zunächst ergeht die Aufforderung, man solle sich im Raum aufmerksam umsehen. Und danach folgt die Erklärung: „Der Durchmesser des Raumes entspricht genau dem Durchmesser einer reifen Sequoia." Das scheint fast unglaublich. Der Raum hat einen Durchmesser von 7 m, das entspricht etwa dem, was ein Stamm einer ausgewachsenen Sequoia bis zu einer Höhe von 60 m aufweist, ehe sich der Stamm zu verjüngen beginnt. In der Mitte des Raumes steht auf einem Sockel ein Glassturz, in dessen Mitte ein winziger schwarzer Kern liegt. Es ist das Samenkorn einer Sequoia, leicht und klein wie eine Haferflocke. Auch die allergrößten Riesen in diesem Wald sind einem solchen winzigen Samenkörnchen entsprossen. Ist die physische Dimension schon so schwer zu erfassen, so ist die zeitliche nicht minder überwältigend. Die großen Bäume, unter denen wir heute hindurchwandern, waren schon stattliche Bäume und rauschten im Sierrawind, da segelten die Phönizier über das Mittelmeer und weilte Jesus von Nazareth noch unter den Menschen!

Im „Big Stump Basin“ erinnern riesige Baumstrünke an die Zeit, in der hier emsig geschlägert wurde. Das war in den 80er Jahren des 19. Jahrhunderts. Ohne Menschen wie John Muir, die zum Schutze dieser Bäume aufriefen, wären dies heute die einzigen Anhaltspunkte, um uns große Sequoien vorstellen zu können.

Ein Mensch, das uns vertrauteste Größenmaß, demonstriert in diesem Bild die enorme Mächtigkeit ausgewachsener Sequoien. Die Bäume im Vordergrund haben an der Basis mehr als 10 m Durchmesser, höher oben etwa 7 m. In dieser Dicke ragt der Stamm astlos, ohne sich nennenswert zu verjüngen, noch etwa 60 m bis zum Beginn der Baumkrone empor.

Besonders romantisch wird der Sequoia-Wald im Winter. Natürlich sausen da auch manchmal Eisstücke aus 80 m Höhe in die Tiefe. Alles, was von den Sequoien herunterfällt, wie Zapfen, Äste und eben auch Eiszapfen wird hier „Widowmaker" – Witwenmacher genannt.

Durch den „Giant Forest“, den Wald der Giganten, führt der „Congress Trail“. Entlang des Pfades stehen eindrucksvolle Gruppen der Riesenbäume. Darunter befinden sich viele mit enormen Brandmalen, die von Waldbränden erzählen, die sie im Verlauf ihres mehrtausendjährigen Lebens überstanden haben.

Am Rande der Mojave-Wüste im Süden Kaliforniens breitet sich eine prachtvolle Granitwelt aus. Lückenlos ist die Vegetation der Mojave hier vertreten. Das National Monument wurde zum Schutze des Joshua Tree geschaffen.

JOSHUA TREE NATIONAL MONUMENT

Die Mojave-Wüste hat ein untrügliches Erkennungszeichen, den Joshua Tree. Denn dieser „Baum“, der, so eigenartig das nun auch klingen mag, gar kein Baum ist, gedeiht nur in der Mojave-Wüste. Für den Betrachter dieser sonderbaren Pflanze bleibt es weiter paradox, wenn er weiß, daß dieses struppige Gewächs zur Familie der Lilien gehört – Yucca brevifolia. Da man beim Joshua Tree nicht einfach Jahresringe zählen kann wie bei einem „normalen“ Baum, denn das Innere alter Stämme und Äste ist meist hohl, herrschen unterschiedliche Vorstellungen über das Alter der Joshuas. Es gibt Meinungen, die tausend Jahre als höchstes Alter annehmen. Im National Monument hat man in der Altersforschung experimentiert. Über einen längeren Zeitraum wurde an einigen Bäumen das jährliche Wachstum gemessen. Dabei hat man einen Wert von 1,5 cm Wuchs pro Jahr ermittelt. Ein Baum, der tausend Jahre alt wäre, müßte also 15 Meter hoch sein. Solche Giganten aber kennt man nicht. Man nimmt an, daß die ältesten Joshuas ein Alter von 700 bis 800 Jahren haben.

Darüber, wie dieses Wahrzeichen der Mojave zu seinem Namen kam, gibt es einige Legenden. Eine davon erzählt, daß eine Gruppe von Mormonen im Jahre 1851 auf ihrem Wege von Utah nach Bernardino in Kalifornien die Mojave-Wüste durchquerte. Heiß brannte die Sonne vom Himmel und erschöpfte allmählich die Energie von Mensch und Tier. Wie durch ein Wunder schob sich eine plötzlich aufgetauchte Wolke vor die Sonne, als der Wagentreck einen Wald mit Joshua-Bäumen erreichte. Da rief der Führer der Gruppe: „Seht Brüder, der Himmel ist nicht mehr blank. Gott hat uns die Wolke gesandt. Es ist, als stünde die Sonne still – so wie es damals Josua befahl, als er die Israeliten durch die Wüste führte. Diese grünen Bäume recken flehend ihre Äste wie Arme himmelwärts. Wir nennen diese Bäume nach Josua.“ Josua, der Nachfolger Moses, ist also der Namenspatron des Joshua-Baumes. Wie auch immer die Legenden die Namensgebung erzählen. Zweifelsfrei steht fest, daß die Mormonen dem Baum seinen Namen gegeben haben.

Am äußersten Rand der Mojave-Wüste im südlichen Kalifornien etwa 130 km südöstlich von Los Angeles liegt das Schutzgebiet der eigenwilligen Pflanze. Das Joshua Tree National Monument wurde im Jahre 1936 gegründet. Das war die Zeit, in der die meisten Minengesellschaften den Wüstenboden bereits völlig ausgebeutet hatten und eine nach der anderen schließen mußte. Dennoch gingen dieser Gründung Jahre voraus, in denen wiederum ein einzelner Mensch um die Verwirklichung der Idee hart kämpfte, die Landschaft, die ihn so faszinierte und die nur wenige mochten, zu retten. Eine noble Dame der Gesellschaft, Minerva Hamilton Hoyt, investierte jahrelang Überzeugungsarbeit, Geld und Idealismus, bis ihr Ruf endlich gehört wurde. Vielen mochte es einleuchten, daß um einen Grand Canyon-Nationalpark oder um die Erhaltung der Landschaft des Bryce Canyon gekämpft wurde. Aber dieses Stück Wüste, von dem es Unendlichkeiten gab? Heute ist das Joshua Tree Monument der letzte unangetastete Rest dieser einstigen Unendlichkeiten. Minerva Hamilton Hoyt war eine dieser Persönlichkeitn, denen wir in der Auseinandersetzung mit dem Nationalpark- und Landschaftsschutzgedanken immer wieder begegnen. Der Staat tat von sich aus zunächst nichts. Immer ging die Initiative von unten aus und gelangte erst langsam nach oben. Was heute so selbstverständlich erscheint, daß riesige Gebiete vom Staat als ein besonderes Erbe geschützt werden, hat

ursprünglich fast immer einen solchen privaten Anfang. Mit dem Schutz des Gebietes kehrte die Ursprünglichkeit der Landschaft zurück, die wir heute, so viele Jahrzehnte später, im National Monument genießen können.
Das Besondere an dieser Landschaft ist der Zusammenklang der Wüstenvegetation mit diesen schönen, grobkörnigen Graniten. Prachtvolle Kakteenblüten scheinen blankem Granit zu entspringen. Die feinen Fissuren im Fels, in die die Pflanzen ihre Wurzeln nach ein paar hingewehten Erdkrümmchen ausstrecken, sieht man oft gar nicht.
Wir durchwanderten diese Landschaft im Monat Mai. Idyllische Campingplätze, eingebettet zwischen romantischen Felsformationen, waren unsere Ausgangspunkte. Die Yuccablüte ging gerade zu Ende, und die Kakteen entfalteten ihre schönste Farbenpracht. Auf sandigen Pfaden kann man Kilometer um Kilometer zwischen den niedrigen Felsbergen wandern und geht dabei immer durch einen blühenden, aber sehr, sehr stacheligen Blumengarten – von einer Verzückung zur anderen.
Im Mai ist die Wüste noch einigermaßen kühl. Jedenfalls kühl genug, um die kalifornischen Kletterer herbeizulocken. Der grobkörnige Granit, seine ideale Griffigkeit und vor allem seine Festigkeit, hat hier einen Spielplatz, einen ausgedehnten Klettergarten entstehen lassen. Ohne objektive Gefahren, ohne den Ernst und das Risiko des Kletterns im Gebirge. Nur Spaß, just fun, so wie es viele junge amerikanische Kletterer lieben. Nicht Bergsteigen, sondern „Bouldern". Es gibt eine große Zahl von Sportlern, die akrobatische Kletterkünste entfalten und noch nie in einem Gebirge auf einem Gipfel standen. Joshua Tree National Monument hat für jeden etwas.

Farbtupfer wie diese Blüte einer mächtigen Opuntie sprenkeln den Wüstenboden zwischen den Granitfelsen.

Der struppige Joshua Tree ist ein Liliengewächs (Yucca brevifolia) und kommt ausschließlich in der Mojave-Wüste und im Hochland Mexikos vor. Dort herrschen ähnliche klimatische Bedingungen. Der Joshua kann bis zu 12 m hoch werden.

Unübersehbar leuchtet zwischen den Graniten das Rot des „Claret Cup Cactus“ (Echinocereus trilochidiatus). Er ist ausschließlich in den Wüstenstaaten der USA und Mexikos zu finden. Seine Beliebtheit hat ihm mehrere Namen beschert. So wird er auch „King's Cup Cactus“ und „Strawberry Cactus“ genannt.

Ausgedehnte Wanderwege zwischen den Felsen führen vor allem im Frühling durch einen blühenden Wüstenblumengarten.

Die niedrigen Granitwände im Wüstenpark sind zwischen März und Mai das beliebte Ziel vieler Kletterer. Ohne jedwede objektiven Gefahren ist „Freeclimbing just fun".

Die in den Wüstenstaaten der USA kulturhistorisch so bedeutende Yucca gedeiht auch im Joshua Tree National Monument in großer Zahl.

Mehr als vier Millionen Besucher zählt man im Jahr am Grand Canyon. Wenige Meter unter dem Rim jedoch wird es einsam, urhaft, still.

GRAND CANYON

Im Jahre 1540 führte Francisco Vasquez de Coronado die erste Expedition in den Südwesten der heutigen USA. Die Spanier kamen den weiten Weg aus Mexiko auf der Suche nach den sieben sagenumwobenen Goldstädten von Cibola. Wieder, wie in der Erforschung und Eroberung der Neuen Welt so oft, verlieh die Gier nach Gold den Spaniern die übermenschlichen Kräfte, die ihnen dieses Land abverlangte. Die Route der Expedition führte bis an die Quellen des Little Colorado, ehe Coronado einsah, daß es die goldenen Städte nicht gibt. Seine Unternehmung wurde dementsprechend als Fehlschlag gewertet, denn nur der, der mit purem Gold in den Händen wiederkehrte, war in den Augen der Spanier jener Zeit erfolgreich. Das immense Wissen, das die Coronado-Expedition über die Topographie dieser Landschaften mitbrachte, zählte nicht. Bald aber sollte es der Ausweitung „Neu-Spaniens" in den Norden dienen.

Im Zuge dieser Expedition erreichte der Offizier Cardenas den Grand Canyon. Der Chronist Castaneda beschrieb den großen Augenblick: „....hier kamen sie an die Schlucht eines Flusses, von deren Rand schien es, als sei die andere Seite mehr als drei Leguas (30 km) entfernt." Cardenas und seine Leute hatten den Grand Canyon des Colorado River entdeckt. Die ersten Europäer blickten in diese gewaltige Schlucht. Aus den Angaben Castanedas läßt sich etwa der Punkt fixieren, an dem die Männer den Canyon erreichten. Es muß ungefähr die Stelle des heutigen Aussichtsplatzes „Grand View" gewesen sein, denn Castaneda schrieb: „Das Land war hoch und trocken und offen nach dem Norden". Nur vom Grand View ist der Blick nach Norden tatsächlich frei, er reicht bis zu dem gute 80 km entfernten „Vermilion Cliff". Die unerschrockenen Spanier begnügten sich nicht mit dem Blick in den Canyon, sondern versuchten, in ihn abzusteigen. Drei besonders verwegene Soldaten riskierten drei Tage lang das Äußerste. Doch sie schafften nur etwa ein Drittel der mächtigen Canyonflanke, ehe unüberwindliche Abgründe sie endgültig zur Umkehr zwangen. Was den Heißspornen verwehrt geblieben war, hatten Jahrtausende zuvor schon archaische Indianerstämme geschafft. In Höhlen in den Tiefen des Canyons fand man mehrere tausend Jahre alte Felszeichnungen und Gegenstände. Sie stammen wohl von Menschen, die zeitweilig im Canyon lebten, jagten und Salz gewannen. Vielleicht hatte man sich auch zu religiösen Riten am Canyongrund versammelt. Heute noch leben die Havasupai-Indianer in einer Verzweigung des Grand Canyons.

Die Coronado-Expedition hatte den Grand Canyon für die Weißen entdeckt, für die er viel später noch einmal sehr bedeutend werden sollte. Den Spaniern aber konnte die Riesenschlucht nach dem ersten überwältigenden Augenblick keine Freude bereiten. Denn nun standen sie vor einem unüberwindlichen Hindernis, das ihnen den Weg in den Westen, in das Land der Verheißung, verwehrte.

Der nächste Weiße, der in die gewaltige Schlucht blickte, war im Jahr 1776, also 236 Jahre nach der Coronado-Expedition, der Mönch und Forscher Francisco Garces. Auf Reisen auf dem Colorado-Plateau kreuzt man mehrmals die Wege dieses unermüdlichen Forschers und Priesters. Garces verbrachte mehrere Tage in einem Dorf der Havasupai-Indianer. In seinem Bericht über den Grand Canyon schreibt Garces: „Ich bin verwundert über die Wildheit dieser Landschaft und die Barriere, die die Natur hier errichtete." Wieder schien der Canyon über Jahrzehnte von

den Weißen vergessen. 1820 durchstreiften einige Trapper die Gegend und jagten am Canyonrand. 1857 lieferte Leutnant Josef C. Ives einen Bericht, der uns heute nur ein Schmunzeln entlocken kann. Ives war mit einem Boot, das von einer Dampfmaschine angetrieben wurde, vom Golf von Kalifornien auf dem Colorado flußaufwärts bis zum Black Canyon vorgedrungen. Dort erlitt die Expedition endgültig Schiffbruch. Auf dem Landweg setzte man die Forschungsfahrt bis zum Grand Canyon fort. Ives blieb von dieser Landschaft unbeeindruckt und vermerkte: „Die unsere war wohl die erste und wird zweifellos die letzte Partie von Weißen sein, die diesen profitlosen Platz besuchte." Wie hätte Leutnant Ives auch ahnen können, daß diesen von ihm so gering geschätzten Platz einmal vier Millionen Touristen pro Jahr besuchen würden. – Aber bis dahin sollte noch viel Wasser den Colorado hinunter fließen.
Die nächsten Weißen kamen schon zwölf Jahre nach Ives. Es war die grandiose Flußexpedition des einarmigen Bürgerkriegsveteranen John Wesley Powell. In Eichenruderbooten fuhren zehn Mann durch alle wilden Stromschnellen des Grand Canyon hindurch. Es war sicherlich die kühnste Tat, die Menschen je auf dem Colorado vollbrachten, wenn nicht überhaupt die mutigste Entdeckungsfahrt auf einem Fluß.
Ergreifend ist Powells Tagebucheintragung vom Abend vor der Einfahrt in den unbekannten Canyon auf dem mörderisch-reißenden Grand River, wie der Colorado damals noch hieß. „We are now ready to start on our way down the Great Unknown ... We have an unknown distance yet to run; an unknown river to explore. What falls there are, we know not; what rocks beset the channel, we know not; what walls rise over the river, we know not." Die düsteren Vorahnungen Powells, was die Männer im Canyon erwarten würde, wurden von der Wirklichkeit weit übertroffen. Einen Tag vor dem Ende der härtesten Prüfungen verloren drei Mann der Expedition die Nerven und verließen die Kameraden. Es war ein bitterer Abschied. Jede der beiden Gruppen glaubte, die andere würde es nicht überleben. Von den drei Männern, die die Expedition verließen und aus dem Canyon aufstiegen, hat man nie mehr etwas erfahren. Sie sind verschollen. Jene, die die Fahrt fortsetzten, hatten noch eine unglaublich schwierige Tagesstrecke über zwei Wasserfälle zu bewältigen. Dahinter öffnete sich die Schlucht, die Wände traten zurück, das Wasser floß ruhig. Der Grand Canyon war bezwungen und erforscht.
Die Expedition, die die höchsten staatlichen Förderungen genoß und unter der Patronanz der Smithsonian Institution stand, begann am 24. Mai 1869 in Green River und endete am 20. September. Eine unmittelbare Folge der Expedition war das große Interesse, das in der Öffentlichkeit nun für den Grand Canyon erwachte. Als erstes kamen die Erzsucher, die auch gute Erfolge hatten. Vor allem Kupfer wurde abgebaut. Es entstand eine Kooperative von 300 verbrieften Schürfrechten, und ein Wegenetz führte durch die steilen Canyonwände bis hinunter an den Fluß. Touristen kamen und bezahlten den Claimbesitzern hohe Wegezölle, um in den Canyon zu gelangen. Als 1901 die Santa Fe Railroad einen Schienenstrang von Williams zum Südrand des Canyon legte, stieg die Zahl der Touristen sprunghaft an.
Der Tourismus wurde sehr schnell profitabler als der Bergbau. Aus Minenbesitzern wurden Hoteliers. Sogar Präsident Theodor Roosevelt kam, um das Naturwunder zu sehen. Dies half natürlich mit, daß Roosevelt schon im Jahre 1908 den Canyon zum National Monument

erklärte. 1919 wurde die Landschaft zum Nationalpark erhoben. Es war höchste Zeit! Denn die kommerziellen Interessen am Grand Canyon waren riesengroß geworden.
Im Jahre 1921 wurde der „Grand River" – sehr zum Ärger der Bevölkerung von Arizona – in „Colorado River" umgetauft.
Gegenwärtig stellt sich der Nationalparkbehörde als größte Herausforderung, die riesige Besucherzahl zu bewältigen, ohne den Park zu einem Rummelplatz werden zu lassen. Und die Ranger bewältigen die Aufgabe mit Bravour! Die meisten Strecken im Park fährt man nur noch mit dem Shuttle Bus. Nur wenige Aussichtspunkte können noch mit dem Privatauto angesteuert werden. Dies hat den Südrand, an dem sich die meisten Parkbesucher einfinden, viel ruhiger gemacht. Das neue Visitorcenter „Canyon View Information Plaza" ist mit dem riesigen Buchladen eine reiche Informationsquelle über alles, was mit dem Canyon im speziellen und der Natur und ihrer Geschichte im allgemeinen zusammenhängt.
Der Grand Canyon des Colorado River ist eigentlich ein „bequemes" Naturwunder. Der Rand der grandiosen Schlucht ist an vielen Stellen mit dem Auto zu erreichen. Ein paar Schritte nur – und man blickt in die größte Schlucht der Erde. Langsam beginnt man dann, die Dimension zu erfassen. Dafür genügt ein flüchtiger Blick nicht. Mit den Augen sollte man zunächst einmal den Canyon „erwandern". Allein der Blick vom Südrand zum Nordrand hinüber birgt schon eine Überraschung, denn zwischen den beiden liegen 30 km. Kleine Gipfel, die von den Kämmen der Nebencanyons aufragen, erweisen sich als hohe Berge. Ihre Gipfel erheben sich 1600 m über den Colorado. Diese schwer zu schätzenden Höhen haben schon die drei Spanier verblüfft, die als erste Weiße 1540 den Abstieg versuchten. Felsnadeln, die aus der Canyonwand ragten, wurden von ihnen auf Menschenmaß geschätzt. Doch als sie aus dem Canyon zurückkamen, schworen sie, daß diese Felsen höher seien als „....die höchsten Türme von Sevilla". Bunte Gesteinsschichten gliedern die Canyonwände, bis dann tief unten endgültig eine enge, dunkle Schlucht zum Colorado hinunterreicht. Dies ist die sogenannte „Inner Gorge". Die Gesteine dort unten gehören mit ihrem Alter von zwei Milliarden Jahren zu den ältesten der Erdgeschichte. Von einigen Stellen erspäht man auch den Colorado selbst, und auch hier fällt es wieder schwer, die Dimension abzuschätzen. Denn der reißende, durchschnittlich 100 m breite Fluß, der den Canyon in jahrmillionenlanger Arbeit geschaffen hat, sieht von der Höhe des Canyonrandes aus wie ein harmloser Bach.
Der Blick hinunter in den Grand Canyon gehört sicherlich zu den ganz großen Naturerlebnissen, die unsere Erde bietet. Ein Abstieg in den Canyon aber steigert dieses Erlebnis noch gewaltig. Sicher, man muß sich anstrengen, aber es ist keine Übertreibung, wenn ich sage, es lohnt jeder Schritt. Wer es nicht probiert hat, wird es sich nur schwer vorstellen können, welch eine Verwandlung des Canyons man erlebt, wenn man nur ein kurzes Stück unter den Rand abgestiegen ist. Am eindrucksvollsten zeigt sich dies am steilen South Kaibab Trail. Stetig wachsen die Canyonwände in die Höhe, und es ist sicher die ungewohnte Perspektive, die sich beim Abstieg ergibt, die diese gewaltige Wirkung erzeugt. Langsam fließen die Morgenlichter in die Felsentäler, die nun den Wanderer umgeben und erfüllen den Canyon mit dem Leben traumhafter Farben.
Je tiefer man steigt, desto weiter wird der Canyon. Was im Tiefblick vom

Canyonrand vielleicht nur eine feine Linie war, wächst nun als hundert Meter hohe Felswand empor, an der der schmale Pfad entlangführt. Mit der Höhe wandelt sich auch die Vegetation. Sind es ganz oben zerzauste und in sich gedrehte Nadelhölzer und Wacholderbäume, säumen tiefer unten Yuccas und Agaven den Pfad. Je tiefer wir steigen, desto wärmer wird es. Ganz unten an der Phanthom Range am Colorado sind im Sommer 40 Grad C eine normale Temperatur. Selbst im Winter, als wir oben am Canyonrand Eis und Schnee und Minustemperaturen erlebten, herrschte am Canyongrund Frühlingswärme.

Der Grand Canyon ist ein Verwandlungskünstler. Zu jeder Stunde des Tages sieht es hier anders aus. Mit seinen prachtvollsten Farben schmückt er sich während des Sonnenuntergangs und auch früh am Morgen. Dafür allerdings gibt es keine Garantie! Manches Mal verschwindet die Sonne ohne Aufhebens hinter einer Wolke und hinterläßt eine Schar Enttäuschter, die sich am Rim mit großen Erwartungen versammelt haben.

Einen unvergeßlichen Sonnenuntergang erlebte ich am „Mother Point". Ein kleines Häuflein naturbegeisterter Menschen hatte im strömenden Regen ausgeharrt. Eigentlich war an jenem Abend nichts Besonderes mehr zu erwarten. Da begannen plötzlich zauberhafte Lichter durch einen dünnen Wolkenspalt zu fließen und sich über die ganze Canyonlandschaft zu ergießen. Es waren jene Farben und Lichter, die der amerikanische Landschaftsmaler Moran in seinen Gemälden eingefangen hat.

ANTELOPE CANYON – EIN JUWEL DER NATUR

Der Grand Canyon des Colorado River ist die größte Schlucht der Erde. Nur der Urique Canyon in Mexiko ist noch tiefer. In seiner Größe jedoch hat der Grand Canyon auf unserem Planeten keinen Rivalen. Dem größten Canyon will ich nun einen der kleinsten Canyons der USA gegenüberstellen: den Antelope Canyon. Eigentlich stellt er ein Maß dar, an dem die Ewigkeit zu messen wäre, denn diese enge Felskluft ist durch die Wassermassen entstanden, die nach einem Gewitter als „Flashflats" für ein paar Minuten oder vielleicht eine halbe Stunde lang hindurchbrausen. Jedes Mal wird dabei ein unsichtbar winziges Quäntchen vom Felsen abgeschliffen. Alle paar Monate einmal feilt und poliert das Wasser ein paar Minuten lang an den Wänden der Kluft. Wie viele Ewigkeiten hat es wohl gedauert, bis der etwa 100 m tiefe Spalt entstanden ist, der oben so schmal ist, daß man ihn mit einem großen Schritt überspringen kann. Durch diesen feinen Riß im Felsboden, den man leicht übersehen könnte, fließt das Licht auf den Canyongrund – je nach Jahreszeit und Tagesstunde unterschiedlich in Intensität und Farbe.

Der Antelope Canyon hat seinen Namen von den Indianern erhalten, die hier wohl Antilopen jagten, die im schattigen Felsgrund Schutz vor der Hitze suchten. Unterschiedlich hoch und breit mündet die Schlucht nahe der Stadt Page, hart an der Utah-Arizona-Grenze in den Lake Powell.

In der Wüstenlandschaft nur schwer auszumachen, war dieses Prunkstück der Natur früher einmal nur einer Handvoll von Indianern bekannt. Inzwischen ist der kleine Antelope Canyon jedoch zu einem Mekka der Naturfotografen aufgestiegen.

Seiten 123–125: Die Zauberwelt des Lichts im „Antelope Canyon". Jede Stunde und jede Jahreszeit bringt andere Effekte.

Im August des Jahres 1540 blickte Cardenas, ein Offizier der Coronado-Expedition, als erster Weißer in den Grand Canyon des Colorado. Es sollte 236 Jahre dauern bis der nächste Weiße diese Schlucht zu sehen bekam. Es war der Franziskanerpater Francisco Garces.

Hitze und Trockenheit und das Wasser sporadischer Gewitterregen prägen die Vegetation im Grand Canyon. Sehr häufig vertreten ist die Agave.

Abstieg im Sonnenaufgang entlang des „South Kaibab Trail“. Der tiefere Canyon – mit dem Colorado River an seinem tiefsten Punkt – ist noch in Dunkelheit gehüllt.

Eine Wanderung zum Canyongrund ist eine Wanderung durch Jahrmillionen Erdgeschichte. Hier an dieser Stelle führt der „South Kaibab Trail" an der Red Wall entlang. Diese Zone gehört zur Mississippi-Formation.

Im letzten Aufleuchten des Tages hat der Grand Canyon schon Millionen Menschen begeistert.

Ritt aus dem Grand Canyon nach einer Nacht im Camp am Colorado. Diese Art der „Canyonbezwingung“ ist kostspielig und auch nicht allzu bequem.

Gewitter und Sonnenuntergang im Grand Canyon. Erlebt am „Mother Point“

„Blue Mesa" ist einer der schönsten Punkte in der „bemalten Wüste". Die Indianer fanden immer sehr sprechende Namen für Auffallendes in der Natur. Hier aber muß es ihnen besonders leicht gefallen sein, denn wie sonst als „bemalte Wüste" hätten sie diese Landschaft benennen sollen.

PETRIFIED FOREST

Bemalte Wüsten, versteinerte Wälder

Die Indianer Nordamerikas besitzen – wie viele andere Naturvölker auch – die Begabung, Phänomene in der Natur mit solch beschreibenden Namen zu versehen, daß man sich darunter schon etwas vorstellen kann, noch ehe man die Landschaft selbst gesehen hat. In der „bemalten Wüste" ist ihnen die Namensgebung sicherlich besonders leicht gefallen. Denn wie sonst sollte man die vielfarbige, in streng getrennte Farbschichten gegliederte Tafelberglandschaft nennen?

In diesem Nationalpark wirken zwei konträre Materialien auf den Betrachter ein. Einmal die weichen, bunten Schichten Millionen Jahre alter Ablagerungen aus Sand und Lehm, Ton und Schiefer, und darin eingebettet die spröden versteinerten Hölzer aus dem 225 Millionen Jahre fernen Trias.

Einst war diese heute so trockene Wüste ein weitläufiges Schwemmland, von riesigen Flüssen durchströmt und von Sümpfen bedeckt. Dampfendes subtropisches Klima begünstigte das gewaltige Wachstum. Die Landschaft des heutigen Nationalparks in Arizona war durch plattentektonische Bewegungen der Erdkruste in Äquatornähe gerückt worden. Die Funde, die man aus der bunten Erde barg, erzählen davon. Krokodilartige Reptilien wurden zu Tage befördert, kleine Dinosaurier, fischfressende Amphibien. Sie waren Bewohner urweltlicher Wälder, in denen Riesenfarne gediehen. Gewaltige Bäume, den südamerikanischen Araukarien verwandt, wuchsen zu schwindelnder Höhe wie auch die Woodworthia und die kleinere Schilderia.

Über unendliche Zeiten schwemmten die Flüsse diese Gewächse in das tiefer gelegene, flache Gebiet. Durch vulkanische Asche, Lehm und Sand wurde allmählich das hierher getriftete Holz begraben. Luftdicht eingepackt in diese Schichten, begann die wundervolle Verwandlung der Hölzer. Langsam drang Wasser, das aus vulkanischen Aschen Siliziumoxyde ausgewaschen hatte, in das Holz ein. Die Siliziumoxyde kristallisierten in den Holzzellen und ersetzten sie durch Quarz. In dem langwierigen Vorgang bleibt die Struktur des Holzes weitgehendst erhalten. Die chemische Umwandlung des Holzes in Quarz verlieh den einstigen Bäumen eine geradezu unendliche Haltbarkeit. Das „versteinerte Holz" besitzt jedoch absolut keine Elastizität. Es ist glashart, und die Baumstämme zersplittern bei Bewegung in einzelne scharfkantige Trommeln und immer weiter, bis nur noch winzige Stückchen übrigbleiben. Der Boden, vor allem unter der „Blue Mesa" ist übersät davon.

Die Freilegung und damit die Zerstörung der „versteinerten Wälder" setzte vor rund 17 Millionen Jahren ein, als das Gebiet bis auf etwa 2000 m gehoben wurde. Der Kontinent war in Richtung Nordwesten getriftet, und damit regierte nun hier, wo einst Sümpfe lagen, trockenes Wüstenklima. Sporadisch auftretende, aber umso heftigere Regenfälle wuschen die Erde fort, und die zu Tage getretenen versteinerten Bäume kollerten Abhänge hinunter und zerbarsten. Dieser Vorgang, der vor Jahrmillionen begonnen hat, ist noch immer in vollem Gang. Und die Tafelberge horten noch für unendliche Zeiten Tiere und Pflanzen aus jenen längst vergangenen Perioden.

Der Mensch trat, wie ebenfalls Funde beweisen, vor etwa 2000 Jahren in die Geschichte dieser Landschaften ein. Reste von Wohnstätten finden sich im Gebiet des Nationalparks und darüber hinaus. In der Kette mehrerer separater Einwanderungen fehlt jedoch so manches verbindende Glied. Die kulturelle Weiterentwicklung von Jägern und Sammlern zu

seßhaft gewordenen Gruppen, die Maisanbau beherrschten, Pueblos errichteten und Handelsbeziehungen zu anderen Gruppen unterhielten, ist aus den Funden evident. Die Geschichte der Bewohner wird von Felszeichnungen, Keramikscherben und den Mauerreste ihrer Dörfer erzählt. Und wie im gesamten Südwesten versiegen auch hier im 13. Jahrhundert die Quellen für die Anwesenheit von Menschen. Die geheimnisvollen Anazasis waren ohne Wiederkehr weitergezogen.
Die Flüsse waren ausgetrocknet, eine lange Jahrzehnte anhaltende Dürre ist in den Gewächsen nachweisbar. Der Puerco-Fluß führte am allerlängsten das lebensnotwendige Wasser. Heute noch kann man das Pueblo an seinem Ufer besichtigen, das mit 150 Räumen wohl die letzte Zufluchtsstätte blieb, ehe das Gebiet völlig aufgegeben werden mußte. Geschichtlicher Dämmerschlaf legte sich über die faszinierende Landschaft, bis in der Mitte des 19. Jahrhunderts die US-Armee kartographische Arbeiten in diesem Gebiet durchführte. Nun machten Berichte über die „Bemalte Wüste und die zu Stein gewordenen Bäume" bis weit in den Osten die Runde. Als dann auch noch im Jahre 1883 die Atlantic & Pacific-Eisenbahnlinie das Gebiet erreichte, begann die kommerzielle Ausbeutung des versteinerten Holzes. Man erwartete sich davon wahre wirtschaftliche Wunder. Nahe der heutigen Nationalparkgrenze entstand an der Eisenbahnlinie der Ort Adamana. Die wichtigsten Bauwerke im Ort waren die Steinmühle und die Bahn. Das kristallene Gestein der vor Jahrmillionen versteinerten Hölzer wurde zu feinstem Pulver vermahlen, das man als Schleifmittel bis an die Ostküste verkaufte.
Mit der uns heute innewohnenden Sensibilisierung gegenüber solchen Wundern der Natur stockt einem fast der Atem bei der Vorstellung, diese prachtvollen Gebilde, die Millionen Jahre der Entstehung hinter sich haben, zu pulverisieren und sie dann nach einmaligem Gebrauch wegzuwerfen. Die Jäger nach dem Amethystkristall sprengten die Stämme in der Hoffnung, die begehrten Kristalle zu finden. Auch wenn diese Menschen in einer Zeit lebten, in der alles, was in der Natur vorkam, schier unerschöpflich erschien, regte sich in der Bevölkerung Arizonas erster Unmut über dieses Treiben, und man forderte den Schutz dieser Landschaft in einem Nationalpark. Diesen Menschen verdanken wir heute, das noch etwas übrig geblieben ist von der einstigen Fülle. 1906 wurde das „Petrified Forest National Monument" proklamiert, das nach beträchtlichen Gebietserweiterungen im Jahr 1962 zum Nationalpark erhoben wurde.
Die schönste Wanderung führt wohl in das Tal unter der „Blue Mesa". Dort ist auf engstem Raum alles zusammengepackt, was charakteristisch für das Gebiet ist. Ja, hier liegt die ganze riesige Zeitspanne aufgeschlagen wie ein Buch der Erdgeschichte. In einer Stunde haben wir es Seite für Seite, Zeile für Zeile durchwandert. Gerade auf dieser Wanderung erliegen viele der Versuchung, sich „nur ein winziges Stück" der zigtausend Splitter versteinerter Bäume mitzunehmen. Dieses „nur kleine Stück" bedeutet in der Summe eines Jahres Tonnen, die illegal den Park verlassen.
Sicher, in den bunten Bergen ruhen noch Millionen Tonnen versteinerter Hölzer, doch menschliches und geologisches Zeitmaß klaffen weit auseinander. Es wird nur ein paar tausend Jahre dauern, dann ist alles wieder ersetzt. Wer kann darauf warten?

Die kurze Wanderung auf dem „Blue Mesa Trail“ führt durch Jahrmillionen der Erdgeschichte. Aus den bunten Tafelbergen – den Mesas – schwemmt das Regenwasser unzählige Splitter versteinerten Holzes hervor. Mehrere Tonnen davon verlassen jährlich als kleine Souvenirs unerlaubterweise den Park.

Zu Hunderten liegen im „Crystal Forest" Baumstämme, die vor 225 Millionen Jahren Naturgewalten fällten. Luftdicht eingepackt in Schlamm, Sand und vulkanischer Asche, versteinerte das Holz.

Der Blick in das farbenprächtige Innere eines versteinerten Baumes. Vor rund 200 Millionen Jahren erfolgte die Versteinerung des Holzes dadurch, daß Wasser in das Holz eindrang, das Siliziumoxyd aus Vulkanasche gelöst hatte. Das Oxyd kristallisierte in Holzzellen und ersetzte diese durch Quarz.

Die versteinerten Bäume sind durchwegs ohne Äste und Wurzeln und meist in kleine Stücke zersplittert. Man nimmt an, daß dies durch Bewegungen in der Erdkruste hervorgerufen wurde. Die fortschreitende Erosion legt immer neue Stämme frei.

Sonnenuntergang im Monument Valley. Vom „Mitten View Campground“ aus erlebt man das letzte Aufleuchten der Mittens, der berühmtesten Türme des Tales.

MONUMENT VALLEY

Der Nationalpark der Navajos

Das Monument Valley gibt es nur in der Wirklichkeit! Wer Führer durch die Nationalparks der USA durchforstet, Bildbände berühmter Fotografen, die US- Nationalparks zum Thema haben, durchblättert, wird vergeblich nach den Bildern einer der fotogensten Landschaften Amerikas fahnden: dem Monument Valley. Das Monument Valley wird als „Tribal Park" von der Navajonation selbst verwaltet und betreut und ist daher in der Rubrik „Nationalpark" selbstverständlich nicht registriert. Es wird dennoch niemandem schwerfallen, diese berühmte Landschaft zu finden.

Im Jahre 1938 wurde diese Landschaft vom Regisseur John Ford als eindrucksvolle Kulisse für den berühmt gewordenen Western „Höllenfahrt nach Santa Fe" entdeckt. Danach wurde das Monument Valley zum Schauplatz zahlreicher Westernfilme und in jüngerer Zeit auch der Hintergrund für Werbefotos, die harte Männer mit einem ungesunden Laster zeigen. Das Monument Valley ist ein Kernstück des Navajolandes, von dem wir Touristen nur kleine Teile zu sehen bekommen – aber wohl die schönsten. Das Navajovolk ist archäologischen und historischen Forschungen zufolge in der Mitte des 16. Jahrhunderts aus Südalaska und Kanada in den Südwesten der heutigen USA eingewandert. Sprachlich und kulturell eng mit den Apachen verwandt, haben sich die Navajos glänzend den neuen, völlig anderen Lebensbedingungen angepaßt. In ihrer Sprache finden sich noch Wörter, die auf eine nördliche Umwelt hinweisen, die von Wäldern, Bergen und Meeresküsten geprägt war. Als Jäger und Sammler aus dem Norden eingewandert, verwandelten sie sich in seßhafte Bauern und Viehzüchter. Die allererste Voraussetzung dazu war, daß sie die Kunst der Maiskultivierung erlernten. Dabei waren die Puebloindianer ihre Lehrmeister, und diese wiederum hatten die Kultur nahtlos von den Anasazi übernommen. Mit dem geheimnisumwobenen Volk der Anasazi sind wir bereits im Kapitel „Grand Canyon" in Berührung gekommen, und die Anasazi werden uns vor allem in den Canyons der Wüstenstaaten des Südwestens weiter beschäftigen.

Die Navajos waren in vielerlei Hinsicht gelehrige Schüler. Seit um etwa 1540 die Spanier in ihre Gebiete vordrangen, wandelten sie sich zu Viehzüchtern. Das heute so selbstverständliche Bild der Navajos mit Schafen, Ziegen und Pferden geht also auf ihre Begegnung mit den Spaniern zurück, mit denen sie aber andererseits von Generation zu Generation in bitterer Fehde lagen.

Von den Hopiindianern erlernten sie im 18. Jahrhundert die Töpferei und die Kunst des Webens, die heute noch eine zentrale Rolle in der materiellen Kultur der Navajos spielt. Ebenfalls von den Hopis übernahmen sie den Brauch der Herstellung zeremonieller Sandbilder mit Durchmessern von 50 cm bis 5 Metern. Diese Sandbilder, die stark schematisierte Darstellungen von mythischen Figuren und Naturerscheinungen zeigen, spielten auch in der Krankenheilung eine wichtige Rolle, und spielen sie wohl dort und da auch heute noch. Als der Staat den Navajos mit moderner Medizin zu Hilfe kam, überwog sehr lange das Mißtrauen gegen das Moderne, und man wandte sich eher den alten Bräuchen zu. Im 19. Jahrhundert erlernten die Navajos von den Mexikanern die Kunst des Silberschmiedens. Heute ist der Silberschmuck der Navajos mit den eingesetzten Türkisen ihr Erkennungszeichen. Groß und unübersehbar sind die Armreifen, Halsbänder, Broschen und die vielen anderen Stücke

des Navajoschmucks. Schon lange fertigen die Navajos dies alles nicht nur für sich selbst. Der Schmuck ist zum Verkaufsschlager Nummer eins für die Touristen geworden.
Die äußerst geschäftstüchtigen Navajos aber verkaufen den Schmuck nicht nur in einfachen Straßenständen, sondern auch in schicken Boutiquen in den teuersten Schigebieten der USA und Kanada. In New York, Paris und Wien und anderen Weltstädten beliefern die Navajos Nobelgeschäfte mit dem für sie typischen Schmuck.
Die kurioseste Art und Weise, Navajoschmuck zu verkaufen, erlebte ich in Chinle. Auf dem Parkplatz vor einem Supermarkt stand eine Zahl von alten Navajofrauen. Sie waren über und über mit wunderschönem Schmuck dekoriert. Ich führte eine Gruppe Fotografen zum Canyon de Chelly. Die Damen meiner Gruppe waren besonders an dem Schmuck interessiert. Und wie es sich sehr schnell herausstellte, waren die Prachtstücke auch käuflich zu erwerben. Fünfzig Dollar um fünfzig Dollar wurden die alten Indianerfrauen „entkleidet“: Alle waren zufrieden, die Damen meiner Gruppe, die schönen Navajoschmuck wirklich preiswert kauften und die Indianerinnen, die ein gutes Geschäft gemacht hatten. Da könnten Marketingexperten noch etwas lernen.
Dieses Volk aus dem Norden, das in den wüstenartigen Landschaften des Südwestens seßhaft geworden war, die im Sommer glühend heiß und im Winter grimmig kalt sind, nennt sich selbst Diné und ihr Land Dinétah. Diné bedeutet „der Mensch“ oder „das Volk“. Erst die Spanier gaben ihnen den heute allgemein gebräuchlichen Namen Navajos.
Die Sprache der Diné wird heute wieder in den Schulen der Navajos gelehrt. Ein weiteres Zeichen für die Lebenskraft dieses Stammes. Im 2. Weltkrieg hat man die Navajosprache als Codesprache benützt. Da brauchte man nichts zu chiffrieren und dechiffrieren. Die Sprache der Diné beherrschen nur die Diné. Und die Navajos kämpften in der US-Armee an allen Fronten des 2. Weltkrieges. Einer der Bronzesoldaten des berühmten Monuments, das zeigt, wie die amerikanische Flagge am Ostufer des Rheins bei Remagen aufgezogen wird, ist ein Navajo!
Die Navajos sind der bedeutendste und zahlenmäßig größte Stamm von allen indianischen Völkern Amerikas und können auf einen unvergleichlichen Aufstieg zurückblicken. Als die dunkelste Stunde der Navajogeschichte anbrach und das stolze Volk geschlagen von der US-Armee in die Gefangenschaft der Reservation am Pecos River in New Mexico, Bosque Redono, marschierte, war in den Herzen der Navajos alle Hoffnung erstorben. Die Schätzungen darüber, wie viele von ihnen den langen Marsch zum Pecos River und die Gefangenschaft in den Jahren zwischen 1864 und 1868 überlebten, liegen zwischen 8000 und 15 000 Menschen. Um es vorweg zu sagen, heute bewegt sich die Zahl der Navajos der unvorstellbaren Marke von 300 000 zu!
Die Vitalität und Zuversicht, mit der die Navajos nach dem Friedensvertrag vom 1. Juni 1868 die neue Ära des Friedens begannen, kommt am besten in den Worten des Häuptlings Barbancito zum Ausdruck: „Wenn wir wieder in unserer Heimat sind, wird sie hell erstrahlen, und die Navajos werden so glücklich sein wie ihr Land. Am Himmel werden dunkle Wolken schweben, und es wird viel Regen geben. Mais wird im Überfluß gedeihen und alles wird so glücklich sein.“
Nachdem Krieg und Not zu Ende waren und niemand mehr die Navajos bekämpfte, nicht die Spanier, die Mexikaner, nicht die Utes und andere

Stämme und nicht mehr die US-Armee, erlebten die Navajos zum ersten Mal in ihrer Geschichte wirklichen Frieden. Wie die reife Knospe einer Blume barst dieses vitale Volk zur Blüte eines neuen Lebens. Eine Bevölkerungsexplosion, wie sie kein anderer Stamm auch nur annähernd erlebte, brachte die US-Regierung in den 30er Jahren des vergangenen Jahrhunderts dazu, das Reservationsgebiet beträchtlich zu vergrößern. Nun umfaßt das Stammesland der Navajos 64 000 km^2, das sind nur 19 856 km^2 weniger als die Fläche von Österreich.

Die eindrucksvollen Felstürme, von denen jeder einzelne wie ein riesiges Monument aus der Ebene ragt, sind die Reste einer Felsplatte, die durch Erosion zersägt wurde und wird. Dazwischen breitet sich auf sandigem Boden weitläufiges Grasland aus, die Weidegründe der Navajos. In der heißen Sommerzeit ist das Grasland dürr und trocken. Den weidenden Pferden, Ziegen und Schafen genügt die karge Nahrung. Gelegentlicher Gewitterregen bringt auch in den trockensten Zeiten des Jahres über Nacht, ja innerhalb von Stunden, das Grasland zum Blühen. Das hauchzarte Grün des frischen Grases verbindet sich mit den Brauntönen der Felsen zu einer ergreifenden Harmonie der Farben. Wie schnell sich die Farben in dieser Landschaft jedoch ändern können, erlebte ich in einem Gewitter im Mai. Plötzlich jagte Schnee durch die eiskalte Luft, und die Felstürme waren nur schemenhaft zu erkennen. Die Geschöpfe des Bodens, die vielen Blüten, die im Mai ihr farbiges Leben beginnen, verschlossen sich und warteten, bis die rasch zurückkehrende Sonne sie von Schnee und Eis befreite und den Boden mit neuem Leben erfüllte.

Das Titelbild dieses Buches fotografierte ich am scharfen Plateaurand über dem Tal. Mein Zelt stand nur wenige Meter daneben. Je tiefer die Sonne sank, desto stärker leuchteten die Türme über dem dunkel gewordenen Boden. Das kräftige Abendlicht bringt in jedem Felsbrocken alle Nuancen seiner Struktur zu übernatürlichem Leben. Im Monument Valley, das wird vielleicht den Fotografen besonders interessieren, fotografiert man den Sonnenuntergang in die gleiche Richtung wie den Sonnenaufgang. Hinter den Türmen, die im Abendglühen leuchten, steigt am nächsten Morgen die Sonne empor.

In den fragilen Augenblicken der rasch wechselnden Lichter scheint das Monument Valley, die Filmkulisse, die Navajoheimat, die Touristenattraktion, die Welt vor dem Menschen zu sein.

Der Blick vom „North Window“ in das Navajoland. Nach jedem Regen, jedem Gewitter frischen die unverwechselbaren Farben Arizonas neu und kräftig auf.

Gewitter im Mai! In Augenblicken fegt der Schneesturm über die Landschaft und löscht alle Farben. Die Navajos, zu deren ewiger Heimat dieses Land gehört, ertragen sowohl die Kälte des Winters als auch die Gluthitze des Sommers, die für diesen Landstrich typisch ist.

Sonnenaufgang im Monument Valley. Weich fließt das Licht in die Weite der Landschaft.

Der „Hogan“ war einst die Behausung der Navajos. Durch den Erdmantel ist der Bau im Winter gut zu wärmen, und im heißen Sommer bleibt es im Inneren kühl. Viele „Hogans“, wenn auch teils aus anderem Material gebaut, werden heute noch bewohnt.

Navajoleben! Zwei „Nachwuchshirten“ treiben im weiten Grasland der Reservation Monument Valley Schafe und Ziegen zusammen.

Im Abstieg in den Canyon auf dem „Peekaboo Trail" führt der Weg auch an der „Wall of Windows" vorbei.

BRYCE CANYON-NATIONALPARK

Nun muß ich mir Zurückhaltung auferlegen, um nicht in überschwengliche Schwärmerei zu geraten, denn jetzt ist die Rede vom Bryce Canyon. Ich habe den Canyon oft durchwandert und dafür meist die gleiche Route gewählt: vom kaum zu übertreffenden Aussichtspunkt „Sunset Point" den Canyon-Rand entlang bis hinauf zum „Bryce Point". Auf dieser Wegstrecke glaubt man, alle paar Meter einen neuen „Bryce" zu sehen. Langsam wandelt sich das Bild, und die Draufsichten auf die schönsten Strukturen im Canyon werden immer direkter, immer faszinierender. Vom „Bryce Point" folge ich dann dem kleinen Weg, der mit der Bezeichnung „Under the Northwindows" steil in den Canyon führt. Danach geht es quer durch den ganzen Canyon bis zum Aussichtspunkt „Sunrise" hinauf. Dieser Aufstieg bietet nochmals unbeschreiblich schöne Blicke in ein Gewirr von Türmen und Schluchten. Alles in allem dauerte die Wanderung mit den vielen „Fotostops" etwa sechs Stunden. Meine Fotos in diesem Buch folgen etwa dieser Route.
Der Bryce Canyon nimmt unter all den berühmten Naturwundern der USA eine ganz besondere Stellung ein. Seine mit Tausenden Türmen gefüllte Tiefe ist unverwechselbar und unvergleichlich. Dabei ist es schwer zu sagen, was mehr beeindruckt, aufregender ist, die Formen oder die vielen Farben. Roter Sandstein und weißer Kalk, rötlicher Tonschiefer, die vielen Farbspuren der im Gestein enthaltenen Mineralien und die sich ständig ändernde Beleuchtung erzeugen einen atemberaubenden Farbenrausch.
Die Kräfte der Erosion, Regen, das Wasser der Schneeschmelze, Spaltenfrost und Gewitterstürme nagen an den Plateaukanten weiter, an den Türmen und den Schluchten, die der Paria River und seine Zuflüsse eingeschnitten haben. Ein Vorgang, der sich noch über unendliche Zeiträume fortsetzen wird.
Vielleicht ist es interessant, an dieser Stelle einen Blick in die geologische Vergangenheit dieser Märchenlandschaft zu werfen: Die direkte Geschichte der Bryce Canyon-Geologie beginnt in der gewaltigen zeitlichen Ferne von 65 Millionen Jahren. Damals begannen sich durch tektonische Bewegungen westlich und östlich des später entstandenen Colorado-Plateaus Gebirge aufzubauen. Das heutige Hochplateau – seine Fläche lag damals rund 2500 m tiefer als heute – wurde von einem riesigen Süßwassersee bedeckt. Von den erwähnten Gebirgen schwemmten Flüsse Sand, Ton und Schlamm in diesen See. Wie an allen Stellen mit ähnlichen geologischen Vorbedingungen verfestigten sich die Ablagerungsschichten durch den Gewichtsdruck darübergelagerter Materialien zu Fels. Gerade diese kleine geologische Vorgeschichte kann dem Betrachter die meist regelmäßigen, horizontal verlaufenden Farbschichten und unterschiedlichen Härtegrade im Stein erklären. Mein Panoramabild auf den Seiten 172/173 zeigt diese Schichtungen ganz deutlich.
Man sollte sich dabei auch noch vergegenwärtigen, daß jeder Farbunterschied Jahrhunderttausende bedeutet, in denen die Flüsse verschiedenartiges Material ablagerten. Diese Farben- und Formenstruktur macht einen Großteil der besonderen Wirkung des Bryce Canyon aus. Neuerliche tektonische Hebevorgänge vor etwa 16 Millionen Jahren hoben den Seegrund, den wir heute das Colorado-Plateau nennen, auf über 3000 m Seehöhe an. Dabei zerbrach die riesige Platte in mehrere große Schollen. Eine davon ist das Paunsaugunt-Plateau. Der Bryce Canyon ist eine Abbruchstelle an den Kanten dieser Tafel. Durch die Hebungen war das

Wasser abgeflossen. Damit hatte die erste Grobformung der Bryce Canyon-Struktur eingesetzt, deren Verfeinerung sich nach menschlichen Zeitmaßstäben ewig fortsetzen wird. Für den Menschen kaum wahrnehmbar sind in dieser Landschaft die Strukturen in einem ständigen Wandel begriffen. Jeder sieht „seinen" Bryce Canyon.

Anasazi, Paiutes, Entdecker und Missionare

Wie bei allen unseren Zielen auf dem Colorado-Plateau stoßen wir auch hier wieder auf die Spuren der Anasazi, der geheimnisvollen Bewohner dieser Gebiete, die jedoch weiterzogen, lange bevor jene Völker hier eintrafen, deren Nachkommen heute hier leben. Im Bryce Canyon und seinem Umfeld haben sie zwar keine eindrucksvollen Pueblos hinterlassen, wie wir sie im Südwesten zu sehen bekamen. Spuren, die ihren Aufenthalt hier über mehrere Jahrtausende beweisen, sind jedoch gesichert.

Die Leere, die nach dem Abzug der Anasazi eintrat, erfüllten die Paiute-Indianer mit neuem Leben. Allerdings erst nach Jahrhunderten. Die ersten Weißen, die dieses Gebiet erreichten, waren die beiden spanischen Missionare und Entdecker Eskalante und Domingues. Sie kamen aus Mexiko und trafen im Jahre 1776 mit den ersten Paiutes zusammen, deren Friedfertigkeit und Hilfsbereitschaft sie in ihren Berichten besonders hervorhoben. Alle weiteren Kontakte mit Weißen verliefen ebenso friedvoll, jedoch sollte dies die Paiutes nicht davor verschonen, das gleiche Schicksal zu erleiden, wie alle anderen Stämme, die von der US-Armee in die Reservationen getrieben wurden. Erst als die Armee ihren Auftrag erfüllt hatte, setzten sich jene humanitären Strömungen durch, die den Indianern ein menschenwürdiges Dasein zurückgaben.

Die Paiutes - übersetzt: Fischesser - besitzen wie fast alle Indianer die Gabe, Phänomene in der sie umgebenden Natur mit dem ewigen Leben von Legenden zu erfüllen, die von Generation zu Generation weitererzählt wurden und bis heute werden. In der überreichen Formenwelt des Bryce Canyon stieß ihre Phantasie an keine Grenzen. In den Tausenden, oftmals grotesk geformten Türmen, die nicht selten völlig freistehend nadeldünn emporragen, erblicken die Paiutes Fabelmenschen, die von Kojoten versteinert worden sein sollen. Im Unterschied zu den poesievollen Deutungen durch die Indianer fanden die Weißen für die Felsnadel den prosaischen Namen „Hoodoo", was im westamerikanischen Sprachgebrauch „natürlicher Felspfeiler von phantastischer Form" bedeutet.

Die kleine Broschüre, die der Tourist im Visitorcenter beim Eingang zum Nationalpark bekommt, trägt den Titel: „Hoodoos cast their spell". Und in der Tat wird wohl jeder Besucher des Bryce Canyon von den Hoodoos in den Bann geschlagen sein, verzaubert werden.

Nach Escalantes und Domingues Besuch bei den Paiutes dauerte es nahezu 100 Jahre, bis in den 1870er Jahren die nächsten Weißen auf das Paunsaugunt-Plateau kamen. Es waren Clarenc Dutton und John Wesley Powell. Sie erforschten das Gebiet, und in Duttons offiziellem Bericht ist erstmals die Rede von rosa Felsen und von einer gewaltigen Ausdehnung phantastisch geformter Felsformationen. Doch dieser Bericht wurde in Archiven abgelegt und erreichte keine Leserschar.

Der Mormone Ebernezer Bryce

Am 24. Juli des Jahres 1847 erreichten die Mormonen das Ziel ihres heroischen Marsches von Nauvoo in Illinois an den Ufern des Mississippi. Sie trafen in ihrem gelobten Land, den Ebenen um den Salzsee in Utah ein. Von hier aus begann die Expansion innerhalb Utahs. Kleine Ortschaften wurden gegründet, die Basis für den später so gut florierenden Bundesstaat Utah wurde gelegt. Einer, der weiter zog als die meisten anderen, war Ebernezer Bryce. Mit seiner Frau Mary siedelte er 1875 nahe am Rand des großen Canyons. Allmählich bürgerte sich in der Nachbarschaft – die man sich weitläufiger gar nicht vorstellen kann – der Name „Bryce's Canyon" ein.

Das Leben in dieser Landschaft war hart. Die durchschnittliche Höhe des Gebietes liegt immerhin bei 2500 m. Die Winter sind extrem kalt, wenn auch nicht sonderlich schneereich. Bryce versuchte sein Glück mit einer Ranch und mit dem Fällen der herrlichen Ponderosa Pine. Er begann aber auch, Rinder zu züchten. Beides schlug fehl. Holz konnte über den Eigenbedarf hinaus wegen der Transportprobleme kaum genutzt werden. Für die Viehzucht war die Landschaft auch nicht sonderlich gut geeignet und schon gar nicht der Canyon selbst. Fünf Jahre dauerte sein Versuch, ehe er es aufgab und schließlich wieder fortzog – nach Mexiko. Sein Name aber ist diesem Canyon geblieben. Bryce beschrieb in einem Brief an einen Freund die Landschaft, die zu den berühmtesten Nordamerikas werden sollte. In dem Brief soll der berühmt gewordene Satz enthalten gewesen sein: „It's a hellava place to loose a cow...". Diese Worte wurden zu einem stehenden Satz, den die Parkranger gerne beim „Campfire talk" den schmunzelnden Touristen zum besten geben. Die Geschichte ist so gut, daß es nicht mehr wichtig erscheint, ob sie auch tatsächlich wahr ist. Blickt man in den Canyon hinunter, glaubt man Bryce auch gerne, daß es ein höllischer Platz gewesen sein muß, hier eine Kuh zu verlieren.

Die ersten Touristen kommen

Kurz nach der Jahrhundertwende begann die Nachricht die Runde zu machen, daß dort oben am Paunsaugunt-Plateau eine tolle Landschaft zu sehen wäre. Doch für „Sight seeing" war die Zeit hier noch nicht reif. Große Siedlungen lagen zu weit entfernt. Angelockt durch die Bibergründe kamen frankokanadische „Trapper" und rotteten kurzerhand die Biber aus, nach denen einst die Paiutes die Landschaft benannt hatten – „Paunsaugunt – Land der Biber".

Allmählich erschienen in Zeitschriften Beschreibungen über dieses Gebiet, und die ersten Touristen erreichten nach beschwerlicher Reise den Bryce Canyon. Die ersten Unterkünfte entstanden nahe dem Rim, etwa da, wo sich heute die Bryce Canyon Lodge befindet, nahe dem Aussichtspunkt „Sunset Point". Anders als in Europa, wo die Entwicklung eines Gebietes kaum jemals gestoppt wurde, bis – wie in reichlich bekannten Fällen – es „zu Tode entwickelt" war, regten sich am Bryce Canyon früh, bereits 1920, die ersten Bestrebungen, dieses außergewöhnliche Stück Natur unverändert der Nachwelt zu erhalten. Ein solches Denken hatte damals in den USA bereits Methode, schließlich war im Jahre 1920 der Yellowstone National Park bereits 48 Jahre alt. Präsident Warren G. Harding, der 29. Präsident der USA, erklärte auch tatsächlich 1923 in seinem letzten Jahr im Präsidentenamt den Bryce

Canyon zum National Monument. In Peter Schäfers Buch „Die Präsidenten der USA in Lebensbildern" wird die Amtszeit Präsident Hardings penibel beschrieben. Doch findet sich darin kein Hinweis auf den Bryce Canyon-Akt. Vielleicht war es nur eine flüchtige Unterschrift eines Präsidenten der USA. Dennoch ist gerade diese Amtshandlung Hardings, die den Bryce Canyon zum National Monument erklärt und die Prachtwelt des „Bryce" der Nachwelt erhalten hat, als einzige in Erinnerung geblieben. Eineinhalb Millionen Besucher im Jahr, die aus allen Teilen der Welt anreisen, danken ihm bewußt oder unbewußt diese Tat.

Die stetig steigende Besucherzahl führte schon 1928 zur Umwandlung in einen Nationalpark, der die höchste Form des Schutzes einer Landschaft in den USA darstellt.

Wenn im Sommer an manchen Tagen sehr viele Besucher den Nationalpark aufsuchen, ist es doch unten in den Schluchten fast menschenleer. Auch wenn es an den berühmten Aussichtspunkten, die man mit dem Auto erreicht, schon einmal eng werden kann, sind die Wege im inneren Canyon immer noch so spärlich begangen, daß man den entgegenkommenden Wanderer gerne grüßen wird. Der Blick von den Aussichtspunkten ist faszinierend, doch die Wanderung durch den Canyon ist wohl der Höhepunkt. Die zwei Wanderer, die auf Seite 168 in der engen Schlucht zu sehen sind, lassen dies wohl erahnen.

Die meisten Touristen suchen den Canyon natürlich im Sommer auf.

Im Winter hingegen ist der „Bryce" wirklich einsam. Wenn man daran denkt, daß die Höhe des Gebietes durchschnittlich rund 2500 m beträgt, wird man wohl eine entsprechende Kälte zu erwarten haben. Zumal am „Bryce" schon manche Sommernächte empfindlich frisch sein können.

Das Winterbild aus dem Bryce Canyon in diesem Buch fotografierte ich mit einem 560 mm Teleobjektiv bei minus 28 Grad C. Das unausgeglichene Kontinentalklima sorgt zwar für große Kälte, doch gibt es kaum einmal Schnee in großen Mengen. Das wenige Winterweiß genügt jedoch, um als Reflektor die rosa Felsen noch stärker leuchten zu lassen. So wie sich diese farbenfrohe Landschaft unter dem wandernden Licht der Sonne im Verlaufe eines Tages, in diesem weiten Weg des Lichts vom Sonnenaufgang bis zum Sonnenuntergang stetig verändert, erneuert, so zeigt sich auch der „Bryce" im Lauf des Jahres immer wieder neu. Diese Landschaft ist mit einem Mal nicht zu erfassen. Zum „Bryce" muß man zurückkommen.

Der Winter am Bryce Canyon ist nicht besonders schneereich, dafür umso kälter. Die durchschnittliche Höhe des Canyonrandes liegt bei 2500 m.

In der Wallstreet. Hierher führt einer der kürzesten Abstiege vom „Sunset Point" und bringt den Wanderer in eine der unzähligen Schluchten des Bryce Canyon.

Rechts: Beim Aufstieg aus dem Canyon zum „Sunrise Point" immer wieder ein „letztes" Foto. Der Bryce ist ein „Filmmörder".

Auf der Wanderung entlang des Canyonrandes zwischen „Sunset Point" und „Bryce Point" eröffnen sich immer neue Sichten in das Gewirr von Türmen und Schluchten.

Kilometerlang führen die Trails durch den Bryce Canyon, und immer wieder hat man das Gefühl, daß gerade dieser Blick schöner ist, als alle anderen bisher. Dieses Bild setzt sich aus drei Hochformat-Fotos zusammen.

Mit ein bißchen Zeit zum Schauen und etwas Einfühlung in die Landschaft kann dieser Aussichtspunkt leicht seinem Namen gerecht werden: „Inspiration Point“.

Der Saguaro-Kaktus ist das Wahrzeichen des Südwestens der USA und wird auch als der König der Sonora-Wüste bezeichnet. Mit einem Alter von 175 bis 200 Jahren und einer Höhe bis 15 m ist dieser Kaktus natürlich die Attraktion im Saguaro-Nationalpark, wo er in großer Zahl gedeiht.

IN DEN WÜSTEN

Eine Reise in den Südwesten der USA ist eine Reise durch Wüsten oder wüstenartige Landschaften. Jede dieser Wüsten hat ihre ganz bestimmten Merkmale und Wahrzeichen. In der Mojave-Wüste ist es der Joshua-Baum, der nur dort wächst. Auch die angrenzende Sonora-Wüste hat ihr Emblem, den mächtigen Saguaro-Kaktus, der auch der größte Kaktus Nordamerikas ist. Ausgewachsene Saguaros zeichnen sich durch ihre Mächtigkeit und Höhe aus. Die größten können rund 15 Meter hoch werden und ein Alter von 200 Jahren erreichen. Aber das, was wohl am meisten beeindruckt, wenn man unter einem ausgewachsenen Riesen steht, ist die Tatsache, daß man einen „Auserwählten" vor sich hat. Denn man nimmt an, daß von 40 Millionen Samenkörnern nur ein einziges aufkommt und der Kaktus die volle Reife erreicht. Im Saguaro National Monument nahe Tucson in Arizona sind prachtvolle Exemplare dieses Kaktus zu bewundern, der auch die „Staatsblume von Arizona" darstellt. In den Weiten der Sonora, auch jenseits der Grenze in Mexiko, prägt die Saguaro zu Zehntausenden das Bild der Landschaft.

DEATH VALLEY

Der Name des Tales ist abweisend, läßt nichts Gutes erahnen. Tatsächlich trat dieses Tal mit Unglück und Tod in die Geschichte ein.

In der Weihnachtszeit des Jahres 1849 gelangten einige Männer in das Tal, um ihren Marsch zu den Goldfeldern Kaliforniens abzukürzen. Obwohl Weihnachten zur „kalten Jahreszeit" in Death Valley gehört, schafften es die Wanderer nicht und kamen in der Hitze um. Und sie blieben nicht die einzigen, die den außergewöhnlich harten Bedingungen dieser Landschaft erlagen.

In der 2. Hälfte des 19. Jahrhunderts wurden im Westen jedes Tal und jeder Berg nach Gold durchsucht. Natürlich auch Death Valley. Man fand auch Gold, aber der wahre Boom im Tal setzte ein, als man Borax fand. Nun wurde das Tal berühmt, und fette Gewinne waren zu erzielen. Der abgebaute Borax mußte allerdings erst aus dem Tal zur Eisenbahn transportiert werden. Dafür fanden die Unternehmer, „typisch amerikanisch" in industriellem Gigantonomie-Denken, eine Lösung. Es war das berühmte „20 Mule Team". 20 Mulis wurden vor einen Wagen gespannt, dessen Räder höher als ein Mensch waren und der eine Ladung von 36 Tonnen trug. Schnaubend und ächzend bewegte er sich aus dem Tal. Das „20 Mule Team" wurde zur Legende und Jahre danach auch die Riesendampfmaschine „Old Dinah", von der es abgelöst wurde. Später wurde an vielen anderen Stellen ebenfalls Borax gefunden, leichter und billiger zu gewinnen als im Death Valley.

1925 gingen 43 dramatische Jahre des Borax-Abbaus im Death Valley zu Ende. Mittlerweile war Stephan T. Mather, ein früherer Manager der Borax Companie, Direktor des Nationalpark Service geworden. Er hatte die wissenschaftliche Bedeutung dieser Landschaft und ihre Schutzwürdigkeit natürlich längst erkannt und förderte die Nationalparkidee. Präsident Herbert Hoover erklärte am 11. Februar 1933 das Death Valley zum National Monument. Bedeutend vergrößert wurden das Tal und die umliegenden Berge im Jahre 1994 zum Death Valley National Park ernannt.

Ein Name aus der „Borax Zeit“ wird noch heute mit einem der berühmtesten Punkte im Nationalpark verbunden, nämlich „ Zabriskie Point“. Christian Zabriskie war Direktor der Pacific Borax Salt and Soda Company.

Zabriskie Point bleibt in Erinnerung. Die Vielfalt an feinen Farbnuancen, die weich ineinander übergehen, ist unerschöpflich. Die seltenen Regengüsse, die doch hin und wieder vorkommen, haben den Felsen ihre Form verliehen, haben die vielen feinen Runsen und Tälchen entstehen lassen, die diesen Punkt so einzigartig machen.

Der Nationalpark ist von einer ganz besonderen Eigenart. Der Telescope Peak ragt in einem einzigen Aufschwung zu einer Gipfelhöhe von 3368 m über einem Tal empor, dessen tiefste Sohle 86 m unter dem Meeresspiegel liegt. Das ist gleichzeitig der tiefste Punkt auf dem Kontinent und einer der heißesten der Welt. Dieser tiefste Punkt ist natürlich ein Höhepunkt jedes Besuches im Nationalpark. Und man kann ihn visuell erleben. Hoch in einer Felswand ist eine große weiße Tafel mit der Aufschrift „Sea Level“ angebracht. Das ist ein anschauliches geographisches Erlebnis. Aber diese Stätte hat noch weitere besondere Merkmale. Regenfälle, und seien sie noch so selten, schwemmen Salz, Gips, Kalk und Sand aus den Bergen in die Senke. Diese heißt „Badwater“. Das Wasser verdunstet schnell und zurück bleibt ein krustiger, brettebener Boden. Dieser Punkt Badwater ist einem ständigen Wandel unterzogen. Einmal steht hier Wasser, dann kann der Boden weiß sein wie auf meinem Panoramabild, dann wieder bricht dieser Boden in tiefen Sprüngen und Furchen auf. Eines aber bleibt immer gleich, es ist furchtbar heiß. Wer das Death Valley erlebt, wird feststellen, daß es seinem Namen zum Trotz lebt. Da gibt es Blumen und Tiere in allen Höhenregionen, vom tiefsten Punkt bis zu den höchsten Höhen des Parks. Alles Leben ist von einer kaum vergleichbaren Form, angepaßt an eine der ungewöhnlichsten Landschaften der Erde.

WHITE SANDS NATIONAL MONUMENT – NEW MEXICO

Das am Nordende der Chihuahua-Wüste gelegene weite Tularosa-Tiefland breitet sich wüstenartig zwischen den im Westen liegenden San Andres Mountains und den bewaldeten Sacramento Mountains im Osten aus. Das riesige Becken ist ohne Abfluß zum Meer. Zwar sind auch hier, wie im gesamten Südwesten, Regenfälle selten, aber es gibt sie doch. Dann schwemmt das Wasser von den Bergen die verwitterten Gipsschichten aus und trägt die Gipskörner und den Gipsschlamm zur tiefsten Stelle des Beckens, den Lake Lucero. In den Gipslagern gibt es auch Vorkommen von reinem Gips. Das ist weltweit gesehen eine ausgesprochene Rarität. Das Wasser verdunstet schnell, und der Wind baut mit dem trockenen Gipssand sanft-wellige Dünen auf. Die Dünen, von ständig wehendem Südostwind bewegt, wandern und bewirken so eine ständige Veränderung des Landschaftsbildes. Die Dünen werden bis knapp zwanzig Meter hoch. Da am Lake Lucero der Nachschub an Gipssand am stärksten ist, ist hier auch die Wanderbewegung am ausgeprägtesten. Von der Außenseite der Dünen drängt die Vegetation der Dünenwanderung entgegen. Die makellose weiße Dünenwelt ist also nicht leblos und steril. Die Yucca wächst auf hohen Stielen aus dem Sand empor, und niedrige Wicken setzen dort und da dem blendenden Weiß ein paar Farbtupfen auf. Spuren von winzigen Echsen sind in den Sand gezeichnet. Hin und wieder ist in einem schattigen Winkel unter einer Yucca auch am Tage solches Leben zu entdecken. Das National Monument schützt den größten Teil des weit ausgedehnten Dünengebietes. Eine 13 km lange Straße, die in die Dünentäler führt, eröffnet dem Wanderer ideale Ausgangspunkte, um absolut unberührte Dünenlandschaften zu erreichen. Diese liegen natürlich nicht direkt an der Straße. Wie in amerikanischen Nationalparks üblich, hat man einige Holzstege gebaut, damit auch behinderte Menschen den Zauber einer solch seltenen Dünenlandschaft erschauen, erleben können.

Wüste ist nicht gleich Wüste! Jede Wüstenlandschaft des Südwestens hat klar unterscheidbare Merkmale. Vor allem in der Vegetation, die sie hervorgebracht hat. Im White Sands National Monument aber ist es das Material selbst, das die Wüste von allen anderen unterscheidet, makelloser weißer Gipssand. In dieser Ausdehnung einmalig auf der Welt.

Die zartbunte Farbenwelt am „Zabriskie Point“ verrät den Mineralienreichtum des Death Valley, der die Menschen in diese unwirtliche Landschaft lockte.

„Badwater" ist der Name dieser Senke im Death Valley, in der sich nach den so seltenen Regenfällen Brackwasser sammelt und schnell verdunstet. Zurück bleibt ein krustiger Boden. Mit 86 m unter dem Meeresspiegel ist dies der tiefste Punkt auf dem Kontinent – und wohl auch der heißeste.

Im abflußlosen Tularosa-Becken in New Mexico sammelt sich der Gipssand, der von den Bergen ausgewaschen wird. So entstanden diese auf der Welt einmaligen weißen Gipssand-Dünen.

White Sands National Monument, eine hauchzarte Welt aus Illusion und Wirklichkeit.

Der Canyon de Chelly in Arizona hat 300 m hohe Felswände und einen fruchtbaren Canyongrund. Die Geschichte der Besiedelung reicht von vergangenen Jahrtausenden bis in unsere Tage. Dieser Canyon ist ein Herzstück der Navajo-Heimat.

CANYON DE CHELLY

Der von der Sonnenglut des Sommers ausgedorrte und vom Frost des Winters zersplitterte Boden Arizonas öffnet sich an vielen Stellen zu tiefen Schluchten. Das Außergewöhnliche daran ist die Farbigkeit der Sandsteinfelsen, die alle Schattierungen von Rot, Gelb und Braun umfaßt. Flüsse haben im Verlauf von Jahrhunderttausenden die Fissuren des Bodens in ein Netzwerk von Canyons verwandelt. Und mit jedem Gewitterregen arbeitet das Wasser weiter, bricht, schleift, poliert die Felswände und legt ihre innersten Schichten frei. Dabei entstehen für einen flüchtigen geologischen Augenblick abstrakt wirkende Kunstwerke. Nach menschlichem Zeitmaß sind das Jahresringe der Ewigkeit.

Der Rio de Chelly hat einen der schönsten Canyons geschaffen – oder besser gesagt – ein ganzes Gewirr von Canyons geht auf die Arbeit seines Wassers zurück. Der Fluß entspringt nahe der Grenze zwischen Arizona und New Mexico und endet in der Ebene westlich vom Canyon de Chelly im Shinle Wash. Dort versickert das Wasser im sandigen Boden. Der Name des Canyon de Chelly ist vermutlich die Folge einer falschen Betonung des indianischen Namens „tsegi" durch die Spanier. „Tsegi" bedeutet in der Navajo-Sprache „felsige Schlucht".

An einem Felsrand des Canyon de Chelly zu sitzen, vielleicht im Schatten einer Föhre, die über den Abgrund hinauswächst, öffnet wundervolle Ausblicke und Einblicke. Da ist einmal die Geschichte der Steine, die sich gerade hier so einfach lesbar auftut. Doch nicht minder faszinierend ist die Geschichte der Menschen, die sich mit dieser Wunderwelt aus Form und Farbe verbindet. Seit mehr als 2000 Jahren beschützen und beherbergen die steilen Wände und der fruchtbare Canyongrund Menschen, die um dieses Stück Heimat auch erbittert zu kämpfen bereit waren.

Seit etwa zweieinhalb Jahrhunderten leben Navajos im Canyon de Chelly. Als sie um das Jahr 1750 auf ihrer ruhelosen Wanderung aus dem Norden hier ankamen, fanden sie im Canyon eine ideale Heimstätte, die ihnen fruchtbare Erde, Wasser und zahllose Felsschlupfwinkel bot, um sich in Zeiten der Not und Verfolgung verschanzen zu können. Und solche Zeiten begleiten das Schicksal der Navajos im Canyon de Chelly über lange Perioden hinweg, bis endlich zu Beginn des 20. Jahrhunderts – wie man wohl meinen kann – bleibender Friede in das Navajo-Land einzog.

Das Gefühl der Friedlichkeit, das der Blick in den Canyon suggeriert, täuscht nicht. Nach bitterer Bedrängnis und auch Zeiten, in denen die Navajos für andere Stämme eine massive Bedrohung darstellten, herrscht hier endlich Frieden.

Als die Navajos den Canyon de Chelly zu ihrer Heimat machten, fanden sie ihn menschenleer und unbesetzt. Doch zahlreich waren die Ruinen in den Felsnischen und in den Höhlen unter den gewaltigen Übergängen, die aus den Canyonwänden ausgebrochen waren. Ein für die Navajos geheimnisvolles Volk mußte sie gebaut und bewohnt haben und war wohl ausgestorben oder abgewandert. Die Navajos nannten ihre Vorbewohner im Canyon und im gesamten Südwesten „Anasazi", was man mit „Vorväter" oder „die Alten" übersetzt hat.

Die Anasazi, denen wir in diesem Buch schon mehrmals begegnet sind und noch begegnen werden, begannen um 700 v. Chr. den Canyon zu besiedeln und lebten hier bis etwa 1300. Obwohl die Lebensbedingungen im Canyon bedeutend günstiger waren als etwa jene der Bewohner der Landschaft von Mesa Verde, verließen auch sie das Gebiet, als sich

der gesamte Südwesten zu entvölkern begann. Die Ursache für diese Abwanderung ist vielleicht am einleuchtendsten mit den Ergebnissen der Erforschung von Mesa Verde zu erklären. In hohem Maße sicher ist, daß Jahrzehnte andauernde Trockenheiten, Überbevölkerung und Bodenausbeutung die Gründe für das Verlassen dieses Gebietes bildeten.
Dies kann man für den Südwesten allgemein annehmen. In den 2000 Jahren, in denen die Anasazi im Canyon lebten, bauten sie viele Höhlenwohnungen, die die Navajos später vorfanden. Nach dem Verlassen des Canyons durch die Anasazi blieb diese Landschaft doch weiter von Menschen benützt. Zumindest im Sommer lebten hier Hopi-Indianer.
In den drei Jahrhunderten der Navajo-Geschichte im Canyon de Chelly waren die Navajos Bauern, Hirten und Obstpflanzer - und sie sind es bis heute geblieben. Der fruchtbare Canyonboden, den die Fluten des Flusses nach jedem Gewitterregen erneuern, bringt den unentbehrlichen Mais hervor, Squash, einen Kürbis, der bis zu 90 % Wasser enthält und Bohnen. Grüne Bäumchen liefern saftige Pfirsiche.
Der Canyon bietet auch den Schafen der Navajos, ihren Ziegen, Rindern und Pferden ausreichend Nahrung.
Die Pfirsiche, von denen es Tausende Bäume im Canyon gibt, waren im Südwesten nicht heimisch. Ausgerechnet die Spanier, die so viel Unheil über die Navajos brachten, führten diese Frucht aus Europa ein. Pfirsiche waren für die Indianer im Canyon de Chelly ein heiliges Geschenk. Ihre Bäume waren der Stolz der Navajos im Canyon, sollten sie aber - wie wir noch sehen werden - auch verwundbar machen.
Das Recht, den Boden im Canyon zu nutzen, basiert auf weit zurückreichenden Familienrechten und jenen der Clans. Zur Zeit besitzen etwa 70 Großfamilien Nutzungsrechte im Canyon de Chelly und im größten Nebencanyon, dem Canyon del Muerto.
Im Frühling gehen die Familien, von den Kindern bis zu den Großeltern, in den Canyon, um die Felder für die Saat vorzubereiten. Sie pflanzen den mit Ehrfurcht behandelten Mais. Diese Pflanze spielte im Leben der amerikanischen Völker immer eine besondere Rolle. Erst mit der Kultivierung von Mais konnten wandernde Völker durch die sichere Gewißheit, Nahrung zu haben, seßhaft werden. Nach der Entdeckung der Neuen Welt durch die Spanier sollte sich der in Europa unbekannte Mais neben der Kartoffel als das wahre Gold Amerikas herausstellen. Es dauerte nur unendlich lange, bis man dies in Europa erkannte.
Im Herbst nach der Ernte verlassen viele wieder den Canyon und kehren in ihre Hütten zurück, die über dem Canyon auf den Plateaus liegen. Dort gelingt der Anschluß an das moderne Leben leichter - der Schulbus kommt vorbei, das Krankenhaus von Shinle liegt in der Nähe. Dort oben steht auch vor den allermeisten Indianerhütten das Auto - nie liebevoll gepflegt, immer im Zustand des Zerfalls, aber der Supermarkt ist damit in wenigen Minuten erreichbar. Trotz der Isolierung, der Trennung der Familien voneinander, die das Fernsehen mit sich bringt, beginnt doch mit dem kalten Wetter die Zeit des Erzählens, gemeinsamer Tänze und Feiern. Die Geschichten ranken sich um die Überfälle der einst so feindlichen Utes, die Züge der Spanier, die in den Canyon kamen, um Sklaven zu erbeuten und schließlich um die härteste Prüfung für das gesamte Navajo-Volk - die Amerikaner!
Wie wir im Kapitel „Monument Valley" gesehen haben, lassen archäologische und historische Quellen die Vermutung zu, daß die Navajos um

das Jahr 1525, aus Alaska und Kanada kommend, ihre neue Heimat im Südwesten erreichten. Die Navajos oder Diné siedelten zunächst in den Canyons und auf den Mesas des nordwestlichen New Mexico.
Eingewandert als Jäger und Sammler, erwarben sie bald Kenntnisse und Fähigkeiten zur Kultivierung von Getreide und vor allem von Mais. Die wenigen noch zurückgebliebenen Anasazi waren ihre Lehrmeister. So schnell fanden sich die Navajos in ihrem neuen Umfeld zurecht, daß bereits 1630 der spanische Priester Alonso de Benavides schreiben konnte: „Diese Apachen de Nabaju sind große Farmer und das ist, was das Wort Navajo bedeutet – große bebaute Felder."
Doch nicht lange sollte ihnen die neue Heimat Dinétah gehören. In ihrem Expansionsbestreben von Mexiko nordwärts drängten die Spanier in den Raum. Auch die Utes bedrohten die Navajos mit Sklavenraubzügen.
So begannen sie, weiter zu wandern in das südwestlich gelegene Gebiet des Canyon de Chelly. Die frühesten Zählungen von Jahresringen an Hölzern der Wohnstätten der Navajos und an Leitern weisen auf die Zeit um 1750 hin. Wie aus der mündlichen Überlieferung einer alten Indianerfrau im 19. Jahrhundert hervorgeht, wurde der Canyon de Chelly zuerst besiedelt. Der Canyon del Muerto konnte erst später bewohnt werden, da dichter Bewuchs und zahllose wilde Tiere ein Vorwärtskommen schwierig und gefährlich machten. Es dauerte eine Generation, bis auch dieser bedeutendste Nebencanyon von den Navajos besiedelt war.
Im frühen 19. Jahrhundert konnten sich die Navajos in den Canyons kaum eines friedlichen Lebens erfreuen. Sie waren das ständige Ziel von Überfällen der Utestämme und der Spanier und führten selbst Rachezüge in die fernen feindlichen Lager. Das Ziel der Kämpfe war hauptsächlich die Erbeutung von Viehherden und Sklaven. Ein historisch dokumentiertes Ereignis dieser Art fand an einem Jännertag 1805 statt. Der spanische Leutnant Antonio Narbona führte einen Trupp in den Canyon, in der Absicht, Sklaven zu erbeuten. Nach einer Navajo-Überlieferung, die bis heute weitererzählt wird, befanden sich die meisten ihrer Krieger gerade auf einem Feldzug gegen Utelager. Im Canyon hielten sich hauptsächlich Frauen, Kinder und ältere Menschen auf. Sie hatten sich in einem Versteck hoch über einer steilen Felswand verschanzt und wären von den Spaniern unentdeckt geblieben, hätte nicht eine alte Frau ihre Wut nicht mehr beherrschen können und Flüche auf Narbonas Soldaten in die Tiefe geschrien. Die Spanier kämpften sich gegen einen Hagel von Steinen und Pfeilen die Felsen empor und veranstalteten unter den Indianern ein furchtbares Massaker. Die Höhle trägt bis heute den Name, der an dieses grausige Ereignis erinnert: „Massacre Cave". Heute ist dies ein beliebter Aussichtspunkt, um in den friedlichen Canyon zu schauen.
Die Spanier nahmen 33 Navajos als Gefangene und erbeuteten außerdem 350 Schafe. Dies war einer jener Überfälle, die die Navajos immer wieder erlebten und auch selbst an ihren Feinden durchführten. In den vierziger Jahren des 19. Jahrhunderts aber erlebte das Canyon-Volk keine Scharmützel mehr, nun ging es wirklich um die Existenz der Navajos.
Amerikanische Truppen verwickelten einen Indianerstamm nach dem anderen in Kriege, die schließlich mit dem Sieg der Weißen über die Indianervölker enden sollten. Ein Stamm nach dem anderen wurde in Reservationsgebiete verbannt und lebte fortan unter der Kontrolle der US-Armee. Die Navajos bildeten in dieser Strategie ein besonders hartnäckiges Hindernis. Nicht zuletzt, weil sie in dem unübersichtlichen

Canyongewirr lebten, das ihnen viele Möglichkeiten bot, sich zu verstekken, aus Hinterhalten heraus zu kämpfen und wieder in die Unsichtbarkeit zu verschwinden. Der Canyon de Chelly entwickelte sich so allmählich zur Navajo-Festung und zum symbolischen Herzen der Nation.
Dabei hatte die Begegnung zwischen Weißen und den Navajos im Canyon de Chelly am Beginn der zwei Jahrzehnte, die der Kampf schließlich dauern sollte, durchaus friedlich begonnen. Als 1849 ein Erkundungstrupp der US-Armee unter dem Kommando von John M. Washington die Canyons durchstreifte und Vermessungsarbeiten durchführte, kamen die Navajos ihnen freundlichst entgegen und brachten ihnen Berge von Pfirsichen. Doch das Verhältnis sollte sich sehr schnell trüben. Brigadier James H. Carleton, der den Auftrag erhalten hatte, die gesamte Navajo-Nation in die Reservation im fernen und lebensfeindlichen Bosque Redondo zu bringen, teilte den Häuptlingen unmißverständlich mit: „Dieser Krieg wird, und sollte er Jahre dauern, so lange geführt, bis das Navajo-Volk nicht mehr existiert, oder in die Reservation kommt."
Das Navajos waren müde vom ewigen Kampf gegen eine sich immer neu verstärkende Übermacht. Dennoch hätte all das nicht gereicht, um den Kampf rasch zu beenden. Doch da schickte General Carleton Christopher Carson, in der amerikanischen Geschichte besser bekannt als Kid Carson, in den Canyon. Kid Carson hatte jahrelang unter den Indianern gelebt und war mit zwei Indianerinnen verheiratet gewesen, ehe er in Taos ein bürgerliches Leben begann. Kid Carson wußte um die verwundbarste Stelle der Indianer – die Pfirsichbäume. Ohne Rücksicht wurden nun – und darüber finden sich in den Armeeberichten täglich genaue Zahlen – Tausende von Pfirsichbäumen gefällt. Captain Thompsons persönlicher Bericht spricht von 4000 gefällten Pfirsichbäumen: „...die besten Bäume, die ich je sah, alle trugen sie Früchte".
In nur wenigen Tagen des August 1864 war das barbarische Zerstörungswerk vollendet worden. Die Navajos beobachteten das Geschehen aus ihren Verstecken mit sinkenden Herzen. Ihre Widerstandskraft versiegte. Der Stolz der Nation war gebrochen, die Navajo-Festung fiel. Nun begann der lange Marsch in die Reservation, in die Demütigung. Tausende sollte diese Aktion noch das Leben kosten. Mit der Aufgabe des Canyon de Chelly, der Navajo-Festung, war der Widerstand der gesamten Nation gebrochen.
Nach vier schlimmen Jahren kehrten die Überlebenden 1868 in den Canyon zurück, in ihre geliebte Heimat, die nun ihr Reservationsgebiet war. Friedvolle Zeiten hatten begonnen. Tausende Pfirsichbäume gedeihen wieder auf dem Canyongrund. Im Jahre 1931 wurde das Gebiet des Canyon de Chelly zum National Monument erklärt.
Uns Touristen ist es heute gestattet, im Canyon de Chelly mit indianischen Führern durch die Schluchten zu wandern. Oder ohne Begleitung den einzigen führerlos erlaubten Pfad abzusteigen, der unten am Canyon-Grund an Whitehouse Ruins endet. Diese Wanderung führt durch die herrlichsten Felsformationen und endet an einem Platz der 2000jährigen Canyongeschichte, an einem eindrucksvollen Pueblo.
Am „Spider Rock"-Aussichtspunkt, der einen besonders schönen Blick auf die kühne Felsnadel gewährt, steht eine Tafel, beschrieben in der Sprache der Diné. Hier wird die Legende der Spider Woman erzählt, die das Volk der Diné das Weben lehrte. Andächtig liest jeder Navajo, der hier vorbeikommt, die Geschichte, die er längst kennt.

Das „Yellow-pine Chipmunk", das hier für mich einen flüchtigen Augenblick lang posierte, gehört zur großen Zahl eng verwandter Tiere, die den Canyon de Chelly bevölkern. Eines haben sie alle gemeinsam: Sie sind neugierig, scheu und unglaublich flink.

Während der Sommermonate bewohnen einige Hundert Navajos das unübersichtliche Canyongewirr. Sie kultivieren Tausende Pfirsichbäume, pflanzen Mais und eine Kürbisart. Auch Ziegen und Schafe finden hier reichlich Nahrung.

Jahresringe der Ewigkeit hat der Rio de Chelly aus dem roten Sandstein herausgewaschen. Im Lauf des Jahres wandelt sich der Fluß mehrmals vom harmlosen Rinnsal
…ißenden Wildwasser. Dabei wird die Erde am Canyongrund immer wieder mit neuer Fruchtbarkeit versorgt.

Der rund 250 m hohe „Spider Rock“ ist nicht nur die spektakulärste Felsgestalt im Canyon de Chelly, sondern nimmt auch den zentralen Platz in den Mythen des Canyonvolkes ein.

Die Ruine des „Weißen Hauses“ ist eines der vielen Pueblos im Canyonsystem, auf die die Navajos stießen, als sie im frühen 16. Jahrhundert in den Canyon kamen. Die Erbauer, das geheimnisvolle Volk der „Anasazi“, waren Jahrhunderte zuvor aus dem Südwesten fortgezogen.

Im Jahr 1888, an einem kalten Winterabend, entdeckte von dieser Stelle aus der Ranger Richard Wetherill, durch Schneetreiben hindurch, die Mauern des „Cliff Palace“, wie er das Pueblo später nannte. Wetherill stieß auf eine archäologische Sensation, die schon 1906 zur Gründung des Mesa Verde-Nationalparks führte.

MESA VERDE

An einem kalten Wintertag, es war der 18. Dezember des Jahres 1888, ritten Richard Wetherill und sein Schwager Charles Mason über die bewaldeten Plateaus zwischen den tiefen, steilen Felsschluchten des Mesa Verde-Gebietes. Sie suchten Rinder, die aus der Winterrange streunten und leicht verloren gehen könnten. Schneesturm nahm ihnen fast jede Sicht. Doch in einem Augenblick der Windstille vermeinten sie jenseits einer schroffen Canyonmauer ein Pueblo zu erkennen. Sie stiegen von den Pferden und suchten einen Punkt am Abgrund, von wo aus sie mit ihrem Spektiv Genaueres sehen konnten. Sie trauten ihren Augen nicht: Was sich da zunächst schemenhaft gezeigt hatte, enthüllte sich als eine große steinerne Siedlung, die an manchen Stellen drei Stockwerke hoch war. Die Siedlung war größer, als man je irgendwo steinerne Überreste der Urbewohner des Südwestens gesehen hatte. Vergessen waren die im Wald verstreuten Rinder. Die beiden Männer hatten eine Entdeckung gemacht, die zu den großartigsten dieser Art in Nordamerika zählen sollte – und sie fühlten es. Da die Felsensiedlung im Cliff Canyon entdeckt worden war, erhielt sie den Namen „Cliff-Palast".

In der Begeisterung der Entdeckung, im Enthusiasmus des Anblicks nannten sie den Fund „... a Stone City". Dennoch kam diese Entdeckung für die beiden nicht völlig überraschend. Denn der Ute-Indianer Acowitz hatte am Eingang des Cliff Canyons schon einmal zu Wetherill gesagt: „ ... tief in diesem Canyon, nahe seinem Ende, sind viele Häuser des alten Volkes" – „Häuser der Alten" – wie die Indianer die Menschen nannten, die lange vor ihnen die Gegend bewohnt hatten. Acowitz hatte noch hinzugefügt, daß die Indianer dort nicht hingingen, denn das sei ein geheiligter Platz. Hier hat wohl auch Geisterfurcht und Aberglaube mitgespielt.

Unter großen Mühen erreichten Wetherill und Mason den Cliff-Palast, nachdem sie einige Baumstämme aneinander gebunden hatten, mit Hilfe derer sie eine steile Felswand überwinden konnten. Mehrere Stunden durchstreiften sie die Ruinen, und noch am selben Tage, auf dem Rückweg zu ihren Pferden, entdeckte Charles Mason das heute so viel besuchte „Spruce Tree House". Für Richard Wetherill war dieser Tag der Beginn eines neuen Lebens, denn bis ans Ende seiner Tage beschäftigte er sich mit den zahllosen Ruinen, die die Anasazi zurückgelassen hatten, entdeckte immer neue, sammelte Tausende von archäologischen Funden. Die Suche nach Ruinen und der Hinterlassenschaft des geheimnisvollen verschwundenen Volkes führte ihn auch nach Utah und New Mexico. Wertvoll für die Forschung wurde Wetherills Begeisterung, als er begann, die Orte zu notieren, an denen er die Funde machte. Dieses Unterfangen war für die weitere Forschung unschätzbar wertvoll. Denn zu Wetherills Zeiten gab es kein Gesetz, das die Ruinen geschützt hätte, und es existierte kein Verbot, Fundstücke fortzuschaffen. Seine erste große Sammlung verkaufte Wetherill an die „Colorado State Historical Society". Die zweite Sammlung, zusammengetragen aus den zahllosen Ruinen, die meist nur die Wetherills kannten, gelangte in die Hände einer Gesellschaft, die die Fundstücke bei der Weltausstellung im Jahre 1893 in Chicago ausstellte. Allmählich wurde Kritik an der Ausbeutung der Ruinen durch die Wetherills, es waren damit John und Richard gemeint, laut. Doch die Funde wurden weiter an Institute verkauft und wanderten in Museen, wo sie heute noch zu sehen sind.

Richard Wetherill führte Hunderte Touristen zu den Ruinen und machte allmählich einen Beruf daraus. Unter den Geführten befand sich auch der Journalist Fredrick Chapin, der im Anschluß an seinen Besuch Artikel über Mesa Verde und Wetherills Unternehmungen erscheinen ließ. Zum Dank dafür nannte Wetherill das Plateau, auf dem sich das „Spruce Tree House" befindet „Chapin Mesa".

Allmählich begann die Landschaft, die die Spanier „Mesa Verde" – „Grüne Tafel" nannten, begannen die Ruinen der Anasazi und Wetherills Tätigkeit weit über das Gebiet hinaus bekannt zu werden. Immer mehr Menschen kamen, immer mehr Funde verschwanden.

Es waren zweieinhalb Jahre vergangen, seit Wetherill und Mason den Cliff-Palast entdeckt hatten. Mesa Verde war in gewissen Kreisen zu einem Begriff geworden, da erschien der Schwede Gustav Nordenskiöld auf der Wetherill-Farm. Sein Name war in den skandinavischen Ländern wohlbekannt, denn sein Vater war ein berühmter Polarforscher, der die lange gesuchte Nordost-Passage entdeckt und erstmals befahren hatte. Gustav war erst 23 Jahre alt und suchte in den USA eine trockene Landschaft, um seine Tuberkulose auszukurieren. Nordenskiöld hatte von den Ruinen gehört und wollte eine Woche bei den Wetherills bleiben. Daraus wurde aber ein halbes Jahr. Auch der Schwede häufte eine riesige Menge von Fundstücken an, und obwohl auch er kein Archäologe war, brachte er doch ein gewisses System in seine Suche. Er katalogisierte bestimmte Stilrichtungen der Keramik und war wie Wetherill total besessen von der Suche in der Vielzahl der Ruinen. Aus Schweden ließ er sich seine Kamera nachsenden und fertigte damit 150 erstklassige Fotos an. Einige wenige davon sind im Chapin-Museum im Nationalpark zu sehen. Als Nordenskiöld in Kisten verpackte Funde nach Schweden verschiffen wollte, regte sich erstmals staatlicher Widerstand. Doch es gab kein Gesetz, um die Fracht zu stoppen. Die Keramiken und andere Zeugnisse der Anasazi-Kultur von Mesa Verde, die Nordenskiöld mitnahm, fanden ihren würdigen Platz im Nationalmuseum von Helsinki. Zurückgekehrt nach Schweden, verfaßte Nordenskiöld das Buch „The Cliff Dwellers of the Mesa Verde" und sorgte damit erstmals auch für internationales Interesse an den Pueblos in den zerklüfteten Schluchten Mesa Verdes.

Endlich wurde man in den USA aktiv, um einen staatlichen Schutz dieser Landschaft durchzusetzen. Initiativen aller Art warben für die Idee. Viginia McClurg, eine honorige Dame jener Zeit, tat sich besonders hervor. Von 1887 bis zur Gründung des Nationalparks war sie unermüdlich für dieses Anliegen tätig. Sie hielt Vorträge in der amerikanischen Öffentlichkeit. Sogar durch Europa tourte sie mit ihrer Idee, die Felsenbehausungen eines verschwundenen Volkes zu schützen. In Europa, wo solche Ideen des Schutzes weitgehendst unbekannt waren, war auch ihr Erfolg entsprechend gering.

Mittlerweile aber war Mesa Verde so bekannt, daß immer mehr Sucher nach wertvollen Fundstücken auftauchten und sogar Mauern niederrissen, um etwas zu entdecken. Die Zerstörung hatte ein enormes Tempo und Ausmaß angenommen. Virginia McClurg publizierte in vielen Magazinen und hielt ihre Vorträge vor allem in Frauenclubs. Dann gründete sie die „Colorado Cliff Dwellers Association", deren Aufgabe es war, die Felsenwohnungen und Bauten in den Canyons zu schützen, zu restaurieren, das Wissen über die Ureinwohner zu vertiefen und zu verbreiten. Und Virginia McClurg hatte Erfolg, 250 000 Frauen traten in den Club ein und bildeten eine Stimme, die nicht mehr zu überhören war. Einen weiteren Erfolg errang die energische Dame, als sie mit dem Häuptling der Utes, Ignacio, einen Vertrag aushandelte, der festlegte, daß der Club die Kontrolle über die Ruinen erhalten sollte, die Utes jedoch weiterhin von ihren angestammten Weiderechten im Gebiet Gebrauch machen durften. Für diese Vereinbarung bezahlten die wohlsituierten Damen des Clubs den Indianern 300 Dollar pro Jahr. Dieses Abkommen wurde im Jahr 1901 sogar vom Congress ratifiziert. Als der Erfolg der Mühen um einen staatlichen Schutz der Pueblos zum Greifen nahe war, spaltete sich der Club. Die einen wollten nun einen State Park und die anderen einen National Park. Lucy Peabody, eine Dame, die in den höchsten politischen Kreisen in Washington verkehrte, unterstützte die Nationalparkidee. Ihr politischer Einfluß und McClurg's Eifer reichten zur Durchsetzung ihrer Vorstellungen. Am 29. Juni 1906 unterzeichnete Präsident Theodor Roosevelt das Dekret zur Gründung des Mesa Verde-Nationalparks.

Wir reisen heute von einem Nationalpark zum anderen und halten diese für Ergebnisse einer Zeit des Erwachens einer fundamentalen Erkenntnis. Doch eigentlich waren es immer Einzelpersonen, die für diese Ziele kämpften und eine Epoche reif machten für eine große Idee.

Wie berühmt Mesa Verde und die Stätten der „Cliff Dwellers" auch wurden – wer hat sie als erster entdeckt? Wieder stoßen wir auf die Namen der Franziskanerpater Dominguez und Escalante, die eine Route von Santa Fe nach Monterey in Californien erkundeten und im August des Jahres 1776 nördlich von Mesa Verde vorbeizogen. Daß sie dieses Gebiet näher erkundet haben, ist bei ihrer Aufgabenstellung unwahrscheinlich. Einige weitere Forscher und Entdecker passierten die Gegend, ohne daß in ihren Berichten größere Anasazi-Bauwerke erwähnt wären. Im Gefolge der Goldsuche in den Rocky Mountains in den 50er und 60er Jahren kamen viele Menschen in die Nähe der Mesa Verde. Doch niemand interessierte sich für das Canyongewirr. Sicherlich hat der eine oder andere Prospektor Ruinen gesehen. Aber doch nichts so Spektakuläres, daß darüber ausführlich berichtet worden wäre.

Die Ute-Indianer kannten sicher viele der Ruinen, aber sie besuchten sie nicht und sprachen auch kaum darüber, denn sie fürchteten die Geister der Menschen, die fortgezogen waren und diese Siedlungen zurückgelassen hatten. Für sie waren die Gemäuer erfüllt von den Geistern der „Alten". Ein weiterer Grund, daß die verlassenen Felsensiedlungen kaum besucht wurden, liegt darin, daß sie fast zur Gänze im Wohngebiet der Utes lagen. Und die Utes waren nicht sonderlich friedlich. Immer wieder gab es Aufstände.

In der Vorgeschichte des Mesa Verde National Parks spielt auch der Fotograf William Henry Jackson eine Rolle. Seine Fotos hatten schon einige Jahre zuvor – wie im Kapitel Yellowstone hervorgehoben – den Congress von der Schönheit und Besonderheit des Yellowstone-Gebietes und der Schutzwürdigkeit dieser Landschaften überzeugt. Im staatlichen Auftrag fotografierte er im Jahre 1874 Bergwerksunternehmungen im Silverton Distrikt. Als er erfuhr, daß im Mesa Verde-Gebiet verborgene, verlassene Höhlensiedlungen vorhanden wären, entschloß sich Jackson, mit seiner kleinen Truppe, die aus sechs Mann bestand, diese Felsbehausungen zu untersuchen. Capt. Moss, der ihm diese Hinweise gegeben hatte, beherrschte die Sprache der Utes und bot sich als Begleiter an. Jackson und seine Mannschaft entdeckten zwei Ruinen, wovon sie eine

„Two Storry Cliff House“ nannten. Die Fotos, die Jackson davon machte, gewannen aber nicht die Bedeutung, die zuvor seine Aufnahmen am Yellowstone River erlangt hatten.
Die eigentlichen Entdecker waren also selbstverständlich die Ute-Indianer. Alle weiteren Entdeckungen sind weitgehend unbedeutend geblieben, bis Virginia Donaghe McClurg und die Wetherills auf den Plan traten. Das Far View Motel übertreibt mit seinem Namen nicht. Oder anders gesagt, einen besseren Namen hätte man nicht finden können. Da die Plateaus von Mesa Verde die flache Landschaft um gute 500 Meter überragen und keine Gebirgsketten den Blick einengen, reicht die Sicht wirklich scheinbar unendlich weit. In der Ferne ist ein Berg zu sehen, der berühmte „Ship Rock“. Die Sicht von der höchsten Mesa reicht in vier Bundesstaaten hinein. Denn „Four Corners“, nicht weit von Mesa Verde gelegen, ist der einzige Punkt in den USA, an dem die Grenzen von vier Bundesstaaten aneinander stoßen: Utah, Colorado, New Mexico und Arizona. An einem Maimorgen erlebte ich in diesem Far View Motel eine freudige Überraschung: 30 cm Schnee hatte in der Nacht die Mesas angezuckert. Nun hatte ich Gelegenheit, den Cliff-Palast ähnlich zu sehen wie damals die Entdecker Wetherill und Mason.
Der Schnee auf den Bäumen (Bild Seite 200) stand in hartem Kontrast zu den warmen Farben der Felsen. Gerade dieser Unterschied ließ den Cliff-Palast als eine Stätte der Geborgenheit erkennen, wie die Anasazi vor vielen Jahrhunderten auf der Suche nach Schutz keine bessere hätten finden können. Im Sommer schützte der riesige Felsüberhang vor der Glut der steil stehenden Sonne. Im Winter, wenn die Bahn der Sonne viel flacher verläuft, erhält die Siedlung den wärmenden Segen des Lichts. Schnee und Gewitterregen konnten die Behausungen nicht erreichen.
Der Cliff-Palast ist ein wunderschönes Beispiel für die Begabung des Menschen, sich jeder Umwelt anzupassen und ihre Bedingungen optimal zu nutzen.

Nationalparkranger bewachen mit Argusaugen die kostbaren Relikte amerikanischer Geschichte und informieren gleichzeitig die interessierten Besucher. Hier im „Cliff Palace“ an einem Kiva, einem religiösen Versammlungsort.

Im Gebiet des Mesa Verde-Canyons gibt es Hunderte Felsnischen, die von den Menschen einst genutzt wurden. Ihre Behausungen waren so angelegt, daß sie gegen Regen, Schnee und Feinde schützten.

Mühlsteine, mit denen einst Mais gemahlen wurde, sind im „Balcony House“ noch reichlich vorhanden.

Das „Spruce Tree House“ zeigt die Pueblo-Architektur in ihrer höchsten Entfaltung.

Im „Cliff Palace", der von den „Anasazi" um das Jahr 1300 verlassen wurde, lebten einst etwa 200 Menschen. Heute ist das touristische Interesse so groß, daß die Zahl der Besucher mit Eintrittskarten reguliert werden muß.

Im Südwesten siedeln viele verschiedene Stämme. Bei den jährlichen Treffen – den „Powwow" – kommen Tausende Indianer in ihren traditionellen Trachten zusammen, wie auch diese zwei Mescalero-Apachen.

CHACO CANYON

Eine steile Felswand begrenzt den Chaco Canyon. Unter ihrem höchsten Punkt breitet sich das Halbrund des Pueblo Bonito aus. Es ist das Glanzstück einer ganzen Epoche – der Chaco-Kultur.
Dieses Gebiet gehört zu den bedeutendsten prähistorischen Stätten Nordamerika. Der 25 km lange, flache Canyon birgt 2000 Ruinen und dürfte von etwa 5000 Menschen besiedelt gewesen sein. Die Größe dieser Anlagen, und vor allem Pueblo Bonito selbst, macht in besonderer Weise das Mystische spürbar, das fast allen Anasazi-Bauten anhaftet.
Auf dem Colorado-Plateau gelegen, auf New Mexicos trockenstem Boden errichtet, umgeben von steppenartigem Land, entwickelte sich gerade hier ein Kraftzentrum mit Kultur- und Handelswegen, die weit in das heutige Mexiko hinein reichten.
Beim Blick über die weite Landschaft drängen sich Fragen über Fragen auf. Warum gerade hier? Wie konnten ohne Lastentiere so ausgedehnte Bauwerke aufgeführt werden? Das Pferd hielt auf diesem Kontinent erst viel später seinen Einzug, nämlich als Hernan Cortez im Jahre 1519 mit 18 Pferden an der Küste Mexikos landete. In jener Zeit waren die Anasazi-Bauten schon lange wieder zu Ruinen geworden. Auch kannten die Völker Nordamerikas das Rad als Fortbewegungsmittel noch nicht. Selbst die großen Bauwerke im nahen Mexiko und Yucatán wurden ausschließlich mit menschlicher Muskelkraft errichtet. Auch hier im Pueblo Bonito muß man sich zu jedem dieser Steine einen Menschen vorstellen, der ihn herangeschleppt hat.
Nur blühende Prosperität konnte derartige Bauwerke hervorbringen, wie war eine solche in einem fast lebensfeindlichen Klima und Terrain zu erreichen? Im Sommer mußten die Menschen Gluthitze ertragen und im Winter eisige Kälte. Mit einem verschlungenen Bewässerungssystem war es den Bewohnern möglich, plötzlich auftretende Gewitterregen in gleichmäßigem Lauf zu den Feldern zu führen, ohne daß diese durch heftige Überschwemmungen zerstört wurden. Das waren Spitzenleistungen der Anasazi-Zivilisation. Gerade Straßen verliefen zu den weiter abseits gelegenen Siedlungen. Hier war eine Infrastruktur geschaffen, die von einem gut funktionierenden Gemeinschaftsleben zeugt. Agrarprodukte wurden gegen Türkise von anderen Stämmen eingetauscht. Diese wiederum wurden von den Bewohnern des Chaco Canyons zu „Beads“, Schmuckperlen und Kügelchen verarbeitet. Damit trieb man im Gebiet des heutigen Mexiko und mit näher liegenden Stämmen Handel.
Die Erforschung des Gebietes des Chaco Canyons begann im Jahre 1849. Im Verlauf von Kampfhandlungen gegen die Navajos kam der Wissenschaftler Leutnant James H. Simpson mit der Armee in das Chaco-Gebiet. Sein Bericht war der erste, der die Art und Größe verschiedener Bauwerke beschrieb und einigen auch den Namen gab. 1877 kam der Fotograf William Henry Jackson in den Canyon. Wir begegneten seinem Namen in diesem Buch schon mehrmals, vor allem im Yellowstone-Park. Jackson hatte im Chaco Canyon Pech mit seinen Fotos. Die komplizierte Aufnahmetechnik in jenen Tagen hatte eben einmal nicht funktioniert.
Er blieb fünf Tage, skizzierte, vermaß Bauwerke und erkundete den weiteren Verlauf des Chaco Canyons. 1896 führte der mittlerweile zu einem erfahrenen Archäologen herangereifte Richard Wetherill die Hyde-Forschungsexpedition in den Canyon. Wetherill hatte nahe dem Pueblo Bonite eine Rinderfarm aufgebaut, nachdem er nach langen Jahren das Gebiet von Mesa Verde verlassen hatte. Er führte die Expedition zum

Pueblo Bonito, wo sie ein reichliches Betätigungsfeld vorfand. Die Hyde-Expedition beschäftigte sich vier Jahre mit Ausgrabungen und der Erforschung des Pueblo Bonito.

Nun war der Chaco Canyon ein Begriff geworden, wenn auch nur für eine verhältnismäßig kleine Schar Interessierter. Doch Bilder vom ungewöhnlichen Pueblo Bonito, der nicht in eine Felsnische gebaut ist, sondern in seiner unverwechselbaren Form auf dem offenen Lande liegt, erschienen in Zeitschriften. Berichte über den Canyon machten die Runde.

Ein Jahr zuvor hatte Präsident Theodore Roosevelt den Akt für den Mesa Verde-Nationalpark unterzeichnet, und nun 1907, schuf der naturbegeisterte Präsident auch das Chaco Canyon National Monument. Im Dezember 1980 wurde das Naturschutzgebiet in seiner Fläche enorm erweitert und in den „Chaco Culture National Historical Park" umgewandelt.

Auf einem Bild der „Frank McNitt Collection" aus dem Jahre 1899, das im kleinen Visitorcenter des Nationalparks ausgestellt ist, sieht man Pueblo Bonito aus der Perspektive der Vogelschau. Die Aufnahme wurde damals vom gleichen Punkt an der Kante der Nord-Mesa aus gemacht, von dem aus ich die Panoramabilder dieses Buches aufgenommen habe. Der Vergleich verdeutlichte mir die enorme Leistung der Archäologen der Hyde-Expedition, die sie in ihrer vierjährigen Ausgrabungsarbeit und anschließenden Restaurierung vollbracht haben. Das wundervoll wiedererstandene Pueblo, eine Kleinstadt, in der Hunderte Menschen gelebt hatten, zeigt sich auf dem alten Foto als riesiger Trümmerhaufen, aus dem einzelne Mauern herausragen und in dem runde Öffnungen im Boden auffallen. Das waren die Kivas, die heute so gut zu sehen sind. Die Kivas spielten eine bedeutende Rolle im Leben der Anasazi, denn sie dienten ihren religiösen Zusammenkünften. Da die Kivas – die Hölzer, mit denen sie ursprünglich verschlossen waren, sind längst zerfallen – gerade in diesem Bauwerk so zahlreich sind, tauchten Theorien auf, nach denen Pueblo Bonito ein religiöses Zentrum gewesen sein könnte. Doch ist in der Gesamtanlage die Wohnstruktur so ausgeprägt, daß diese erste Theorie wieder verworfen wurde.

Auf dem alten Foto kann man ganz dicht am Pueblo in Richtung Talmitte noch die Gebäude der Wetherill-Range erkennen. Längst wurden sie abgetragen und der Boden planiert, so daß auf diesem Areal nichts Sichtbares mehr an Richard Wetherill erinnert, der hier mit seiner Frau Marietta so nahe an den Anasazi-Ruinen, die ihm so viel bedeuteten, lebte. Am 22. Juni 1910 trieb Wetherill eine Herde Rinder den steilen Weg, der in den Canyon führt, hinunter. Es sollte sein letzter Ritt werden. Sechs Navajos lauerten ihm auf und töteten ihn mit gezielten Schüssen. Warum dies geschah, ist nie wirklich klar geworden. Vermutungen reichen von seinen archäologischen Tätigkeiten, die den Geist der „Alten" gestört hätten, die in den Ruinen lebten, bis hin zum Neid auf seine, wie es schien, gewinnbringende Tätigkeit als Führer zu den Pueblos. Die Wetherills hatten ein gutes Verhältnis zu den Navajos, und als der Tote im Hof seiner Range aufgebahrt lag, tanzten Navajos Totentänze und vollführten für ihn alle jene Zeremonien, die in ihrer Vorstellungswelt für einen geliebten Toten den Weg in die Ewigkeit frei machten.

Im Jahre 1929 entdeckte eine Expedition des Smithsonian-Instituts der Wissenschaften im Chaco Canyon ein Dorf aus der Periode der Korbflechter, die der Epoche der Pueblo-Erbauer vorangegangen war. Die wichtigste Grundlage ihrer materiellen Kultur bildete die Yucca. Die Fasern, die aus den spießigen, harten, dünnen Blättern dieser Pflanze gewonnen werden, waren durch lange Zeiträume hindurch ein eminent wichtiges Rohmaterial. Stricke und Seile aus Yuccafasern sind heute noch neben Nylon und Perlon in Verwendung. Auf den trockenen Mesas, die dem Chaco Canyon sein Aussehen geben, vor allem auf der Nord-Mesa blüht im Mai die Yucca. Auch sonst ist der Boden mit vielen blühenden Pflanzen bedeckt – und darüber spannt sich der hohe Himmel New Mexicos. Viele innige Gedichte der Indianer beschreiben die Schönheit einer, wie ich sie empfinde, herben, harschen Landschaft. Über die Nord-Mesa führt ein sanft ansteigender Pfad zum Pueblo Alto. Dieses groß-angelegte Bauwerk war den zerstörenden Kräften der Witterung natürlich besonders ausgesetzt. Dennoch sind eindrucksvolle Mauern erhalten geblieben. Pueblo Alto, am höchsten Punkt der Nord-Mesa gelegen, bildete den Knotenpunkt einer Reihe von bedeutenden prähistorischen Handels- und Kulturwegen. Einer dieser Pfade, der heute noch durch Steinmänner markiert ist, führte geradewegs in eines der nächsten Pueblos von hoher politischer, wirtschaftlicher und kultureller Bedeutung: Aztec. Knappe hundert Kilometer vom Zentrum der Chaco-Kultur entfernt, wirkten deren Einflüsse selbstverständlich noch stark auf die Gemeinschaft von Aztec, wenn diese nicht überhaupt als eine Außenprovinz der Chaco-Kultur betrachtet werden kann. In den 30er Jahren des 20. Jahrhunderts wurden die Ruinen von Aztec zum National Monument erhoben. Die Forschung erhärtete die Annahme, daß Aztec von Menschen der Chaco-Kultur gegründet und gebaut worden war. Im Zuge von Restaurierungen wurde das große Kiva von Aztec wiederhergestellt. Es zeigt in eindrucksvoller Weise, wie die Kivas in ihrem Inneren ausgesehen haben. Denn sowohl in Mesa Verde als auch am Pueblo Bonito können wir die Kivas nur als offene Rundungen sehen.

Die Schaffung der „National Historical Parks" hat dem Wiedererstarken des indianischen Selbstbewußtseins einen enormen Auftrieb gegeben. Man muß sich dazu die Zeit nach dem Ende der Indianerkriege vorstellen. Die Stämme waren besiegt, ihren nationalen Werte schienen nun bedeutungslos. Zum Teil hatten sie, wenn auch nur vorübergehend, sogar die Heimat verloren. Das Volk war deprimiert, Bedeutendes seiner geistigen Kultur war verboten worden. Man denke nur an den Sundance und andere Stammesveranstaltungen dieser Art, deren Beibehaltung neuen Widerstand entfacht hätte. Fast alle Indianer hatten ihre traditionelle Lebensweise aufgeben müssen. Das Land, durch das sie als Jäger streiften, gehörte nicht mehr ihnen allein. Gemessen an der immensen Ausdehnung ihrer einstigen Gebiete saßen viele Stämme nun in engen Reservationen und lebten vom „Treaty Money", dem Friedensgeld, das man mit ihnen bei den Friedensverhandlungen vereinbart hatte. Dies hatte der amerikanische Staat den Besiegten zugestehen müssen. Das Verhältnis zwischen Weißen und Indianern begann sich langsam zu bessern. Allmählich nannte man sie „Native Americans" im Unterschied zu den „Euro Americans". Die Stämme begannen, sich wirtschaftlich zu entwickeln. In diesem sehr unterschiedlichen Fortschritt der einzelnen Stammesgemeinschaften bildeten die Navajos mit Riesenabstand die dominierende Gruppe. Langsam erwachten wieder Stammesbewußtsein und nationale Identität. Und auch die geistige Kultur kehrte wieder in das Leben der Menschen zurück. Über fast alle großen Häuptlinge wurden

Bücher geschrieben, die teilweise eine Anklage gegen den Weißen enthielten, teilweise aber auch die Werte der Indianer manifestierten. Die materielle Kultur begann sich wieder zu entfalten. „Indian Days" wurden veranstaltet, an denen alte Trachten, neu belebt, getragen wurden. Die schönsten erhielten Preise, was einen weiteren Ansporn darstellte. Besonders Engagierte studierten in den Museen anhand alter Bildern die traditionellen Trachten ihrer Stammeskultur. Gleiches unternahmen die Stony Indians in Kanada, die nach Ottawa reisten, um die Bilder Paul Kanes zu sehen, der in den Jahren 1840–1843 das kulturelle Erbe ihres Stammes in prachtvollen Bildern dargestellt hatte.
Vereine formierten sich, in denen Weiße und Indianer sich gemeinsam alten Traditionen widmeten. Dem Wort „Trachtenverein" hat man einen abwertenden Beigeschmack verliehen. Aber ohne die dem Volkstum verbundenen Menschen wäre vieles auf der Welt für immer verloren gegangen. Dies in meiner steirischen Heimat genau so wie im fernen Westen der USA.
Das „nationale Erbe" ist in den USA ein beinahe schon überstrapaziertes Wort. Sicher ist damit auch oft die Vergangenheit der Einwanderer aus Europa gemeint. Doch hauptsächlich betrifft es die indianische Vergangenheit des Landes. Und wer sich von der Lebendigkeit dieses Erbes, des „National Heritage", überzeugen will, der braucht nur den Veranstaltungskalender der „Native Americans" für ein Jahr in den Bundesstaaten New Mexico und Arizona studieren. Da werden vom 1. Jänner bis zum 31. Dezember 60 Veranstaltungen aufgelistet, an denen öffentlich Stammestänze in den alten Trachten aufgeführt werden. Das Datum steht vorher schon fest, damit auch jene Stammesmitglieder daran teilnehmen können, die in der Stadt wohnen. Ein flüchtiger Amerikareisender, der noch kein solches Fest gesehen hat, sondern vielleicht nur einen Indianer in einem schrottreifen Auto mit einer Bierflasche in der Hand, wird vielleicht geneigt sein, meine Darstellung als Schönfärberei abzutun.
Nein, die „Native Americans" haben längst wieder zu leben begonnen. Die amerikanischen Völker haben vierhundert Jahre Beeinflussung durch andere Kulturen nicht nur überlebt, sie haben es fertig gebracht, ihre alte Kultur zu bewahren. Ich meine, daß es nicht übertriebener Optimismus ist, wenn man daran glaubt, daß sie auch in Zukunft an ihrem kulturellen Erbe festhalten werden.
Als ich sehr jung und sehr unerfahren im Jahre 1955 in Montana einen Indianer fragte, ob er ein Indianer sei, antwortete er beleidigt: „No, I am American ..." Heute würde er als Antwort den Namen seines Stammes nennen.

Im „Aztec Ruins National Monument“ in New Mexico hat man im Jahr 1930 ein „Kiva“ rekonstruiert.

Im „Chaco Culture National Historical Park“ wird eine der bedeutendsten archäologischen Stätten Nordamerikas geschützt. Hier der Blick auf das „Pueblo Bonito“ im Chaco Canyon.

Das „Pueblo Bonito“ wurde um das Jahr 1030 errichtet und stellt die höchste Entwicklung der Anasazi-Baukultur dar. Die Rundbauten sind „Kivas“, die religiösen Zusammenkünften dienten. Sie waren einst mit Hölzern abgedeckt.

Im Frühling verwandelt sich der Canyonboden in einen bunten Blütenteppich. Seine Farben finden sich in den Trachten und Kunstwerken der Indianer wieder.

Blühende Yucca im Chaco Canyon. Auch heute noch flechten Indianerfrauen aus den feinen Fasern Körbe.

Eines der mächtigsten und wohl auch eindrucksvollsten Felsgebilde ist der „Double Arch“.

ARCHES-NATIONALPARK

Man kann wohl sagen, daß in den nordamerikanischen Landschaften auf der Suche nach etwas Brauchbarem jeder Stein umgedreht wurde. Gesucht wurde nach allem, von Gold bis Gips, von Öl bis Uran. So sind natürlich auch Prospektoren durch das Gebiet des heutigen Arches-Nationalparks gezogen. Aber glücklicherweise fanden sie nichts. Das ist eigentlich ein kleines Wunder, denn das gesamte nähere Umfeld ist reich an Schätzen. Darunter befindet sich auch das so begehrte Uran.
Die einst kleine Mormonenstadt Moab wuchs über Nacht, als der junge Geologe Charles Steen mit dem Uranfund auf seinem „Mi Vida claim" einen Rush auslöste. Dieser war zwar schon 1956 wieder vorüber, aber noch heute werden Uran und andere Mineralien in der Nähe des Nationalparks gewonnen. Moab fiel nie mehr in die Bedeutungslosigkeit jener Zeiten zurück, als Mormonensiedler den Ort in der Mitte des 19. Jahrhunderts gründeten. Schon der Name, den die Siedler ihrer Gründung gaben, liefert einen Hinweis auf die einstige Abgeschiedenheit. Moab war der Name eines biblischen Königreiches östlich des Toten Meeres und gleichzeitig der Inbegriff für Weltabgeschiedenheit. Moab ist heute der Ausgangspunkt für den Besuch des Arches-Nationalparks, und damit ist dem Städtchen dauerndes, pulsierendes Leben garantiert, denn es sind ein paar hunderttausend Touristen, die jährlich hierher kommen.
Der Arches-Nationalpark beherbergt die größte Zahl an natürlichen Felsbrücken und -bögen in der Welt. Die Angaben über deren Zahl schwanken erheblich und bewegen sich von einigen Hunderten bis über 2000. Letztere Zahl wird von der Nationalparkbehörde selbst genannt. In dieser Zahl sind allerdings alle Öffnungen von einem Meter aufwärts mitgezählt. Eine ein Meter hohe Öffnung im Fels gilt als Naturbrücke oder -bogen. Der Parkbesucher wird sich wahrscheinlich kaum mit einer solchen Haarspalterei abgeben. Er kommt gar nicht dazu, denn die großen, wirklich faszinierenden Naturbrücken und -bögen ziehen alle Blicke auf sich. Daneben gibt es andere spektakuläre Felsformationen und Felsgestalten, die einzigartig sind, wie etwa das Labyrinth der romantischen Felsklüfte in Devils Garden. Dort könnte man sich verlieren. Jeder Statik hohnzusprechen scheint der „Balanced Rock", bei dem man glaubt, man könne darauf warten, bis er herunterstürzt. Man wird es nicht erwarten! Beim Landscape Arch, der als die längste Naturbrücke der Welt gilt, hat man jedoch wirklich das Gefühl, der Einsturz stünde unmittelbar bevor. Ich bitte kurz zu meinem Panoramabild auf den Seiten 230/231 zu blättern. Das Bild zeigt, wie hauchdünn der Bogen in seinem rechten Teil geworden ist. Im Sommer 1991 stürzte von der Unterseite dieser Stelle ein etwa 20 m langes Stück ab, das etwas über einen Meter breit und rund 50 cm dick war. Die Parkranger fordern die Besucher auf, verdächtige Geräusche, wie Krachen, Knacksen oder Splittern sofort im Visitorcenter zu melden. Die Meldungen über derartige akustische Wahrnehmungen häufen sich, immer wieder stürzen kleinere Felsen aus dem Bogen in die Tiefe. Die Pfade, über die man einst unter der Brücke nach oben stieg, sind längst gesperrt. Man befürchtet ernstlich den Einsturz des Bogens. Im Jahre 1979 war dies alles noch anders. Der Landscape Arch schien noch Ewigkeiten zu halten. Damals fotografierte ich den Bogen von hoch oben. In meinem Bildband „Naturwunder Nordamerikas" zeigt das Panoramabild, daß der Bogen an der nun so dünn gewordenen Stelle mehr als doppelt so dick war. Der Bogen ist in Gefahr. Vielleicht erhält er auch ein Korsett aus Beton, wie man es klammheimlich schon dem

„Delicate Arch" an dessen dünnster Stelle angelegt hat; hinten, dort wo man es kaum sehen kann.
Solche Stützungen können das „Leben" dieser wundervollen Naturgebilde verlängern. Geologisch ist das winzige Zeitmaß nicht ausdrückbar. Aber für uns Menschen zählen ja schon ein paar Jahrzehnte. Vielleicht bleibt der Landscape Arch noch weiteren Generationen von begeisterten Bewunderern erhalten. Wenn ich auch bei weitem nicht alle Brücken und Bögen im Nationalpark gesehen habe, der Double Arch gehört natürlich zu jenen, die mich besonders beeindruckten. Von Einsturzgefahr kann hier sicher in den nächsten Jahrtausenden keine Rede sein. Massiv sind seine Pfeiler und Spannbögen im Vergleich zu manch anderen im Park. Und man braucht schon einen Anhaltspunkt (ich wählte dafür einen Menschen), um seine enorme Größe zu verdeutlichen.
Als die ersten Mormonen in dieses Gebiet kamen, suchten sie nicht nach rationalen Erklärungen für diese Felsformationen. Die brauchten sie auch nicht. Für sie waren diese unfaßlichen Naturerscheinungen göttliche Werke.
Nach dem Landscape Arch ist wohl der Delicate Arch die größte Berühmtheit in dieser Wunderwelt. Dieses eindrucksvolle Gebilde sollte man im Licht des Sonnenunterganges bewundern. Und so wandert denn auch jeden Abend eine Schar mit Fotoapparaten und Stativen ausgerüsteter Naturliebhaber auf den dem Bogen gegenüberliegenden Felssattel.
Es kann vorkommen, daß der Sonnenuntergang – wie so oft – nicht zu sehen ist. Dann entwickeln sich keine tollen Farben, und alle wandern wieder über die sanft geneigten Felsplatten hinunter zur Wolf Range.
Aber wem das Glück gesonnen ist, der erlebt herrliche Farben. Nun weiß man, warum die Landschaft „Red Rock Country" genannt wird.
Die Farben intensivieren sich, in die Schluchten, die rund um den Delicate Arch Hunderte Meter tief sind, fließen schwarze Schatten.
Alles wirkt zusammen, sodaß diese Felsen in der Sonne immer kräftiger und kräftiger zu leuchten beginnen. Hingerissen schauen die Fotografen in ihre Sucher, und der Delicate Arch ist das absolute Zentrum aller Aufmerksamkeit. Zunächst völlig unbemerkt entfaltet sich aber auch auf der Gegenseite, im Rücken der Fotografen, eine Wunderwelt aus Form und Farbe. Man ist hin- und hergerissen.
Wie oft wohl mochten John Wesley Wolfe und sein Sohn Fred die Felslandschaft um den Delicate Arch in einem Abendlicht gesehen haben, von dem Touristen nur träumen können? Wolfe betrieb mit seinem Sohn mehr als 10 Jahre lang die kleine Range, die am Ausgangspunkt der Wanderung zum Delicate Arch liegt. Jeder, der daran vorbeikommt, wirft einen Blick auf die winzige, primitive Blockhütte und schüttelt ungläubig den Kopf, nachdem er auf einer Tafel gelesen hat, daß die beiden Wolfes hier so lange gewohnt haben. John Wesley Wolfe war versehrt aus dem Bürgerkrieg zurückgekommen und lebte dann in Ohio. Sein Arzt empfahl ihm, zur Gesundung in eine Gegend mit trockener Luft zu ziehen. Dafür war der Wüstenstaat Utah gerade richtig. 1888 siedelte er sich hier an. Brackiges Wasser, karge Weiden für ein paar Rinder und Schafe im Salt Valley, die Lebensumstände in der winzigen Hütte waren sicher auch mehr als dürftig. Doch Vater und Sohn hielt es hier 12 Jahre lang.
Im Jahre 1910 verkaufte Wolfe die Range, die nie wirklich ergiebig war. Einmal im Jahr gab es bei den Wolfes eine freudige Bescherung, dann

nämlich, wenn ihre Warenpakete aus Chicago unten im Tal mit der Bahn ankamen. Es waren die kleinen und großen Freuden, die sie sich per Katalog bei Simpson Sears im fernen Chicago bestellt hatten.
Lange vor den wenigen Weißen, die je im Gebiet des heutigen Nationalparks siedelten, durchstreiften Indianer die Landschaft auf der Jagd nach Wild. Einige wenige Wandzeichnungen erzählen von ihrer Anwesenheit. Im Jahre 1929 wurde die Landschaft vor den häufiger werdenden Prospektoren – man kann wohl sagen – in „Schutz" genommen und zum National Monument erklärt. Erst 1971, nach Gebietserweiterungen, entstand der Arches-Nationalpark.
Bei Wanderungen auf den Pfaden der Arches-Wunderwelt von einem grotesken Felsgebilde zum anderen beschäftigt natürlich immer wieder die Frage nach deren Entstehung. Auf einer geologisch orientierten Wanderung erklärte ein Parkranger die Genese folgendermaßen: „Die Felsformationen des Parkgebietes liegen auf gewaltigen Salzschichten. An manchen Stellen bis zu 3000 m mächtig, ist dieses Salzbett vor 300 Millionen Jahren entstanden. Es erstreckte sich über das gesamte Colorado-Plateau. Meere flossen in das Gebiet und hinterließen gewaltige Salzseen, die schließlich verdunsteten. Die Salzlager wurden im Verlaufe von vielen Millionen Jahren mit den von Strömen abgelagerten Sedimenten zugedeckt. Meere flossen damals in die Riesensenke und verschwanden wieder in verschiedenen Perioden. Die Ablagerungen verfestigten sich unter dem eigenen Gewicht zu Fels. Die Felsschichten waren zeitweilig mehr als tausend Meter mächtig. Ein solches Gewicht konnte der Salzuntergrund nicht tragen. Das Salz verformte sich, veränderte seine Lage und damit auch die Lage der Felsen darüber. Faltungsbewegungen tief in der Erde trugen weiter zur Instabilität der Felsoberfläche bei."
Das Ergebnis einer solchen Hebung ist die rund 700 m mächtige „Moab-Falte" Diese Feldformation ist das Auffälligste, was ins Auge springt, wenn man in den Nationalpark hineinfährt. In diesen tektonischen Bewegungen entstanden auch vertikale Risse in der Felsdecke. Dadurch bildeten sich schmale Felsrippen heraus. Das Panorama auf den Seiten 232/233 zeigt diese vertikalen Formationen deutlich.
Der „Grundbauplan" für Naturbrücken und -bögen ist damit vorgegeben. Die Erosion zerlegt solche Rippen in Pfeiler und Türme. Ein Loch, das in der dünnen Wand entstand, konnte sich zu einem Bogen ausweiten. Die das Landschaftsbild im Arches-Park heute beherrschende Formation ist die lachsfarbene Schicht des „Entrada-Sandsteins". In diesem Material bilden sich die meisten Brücken und Bögen. Die endgültige Form, die solche Felsgebilde erhalten, ist auch von Zufällen beeinflußt.
Im Arches-Nationalpark blicken wir in enorme Zeitabgründe und sind gleichzeitig Zeitzeugen des Werdens solcher Naturwunder.

Wer viele Nationalparks der USA besucht hat, weiß, daß man kaum einen mit einem anderen vergleichen kann. Jeder hat seine besonderen Charakteristika. Auch der kleine Arches-Park ist unvergleichlich! Hundert Millionen Jahre Erosion haben in den Sandstein Rippen gefeilt und geformt und diese phantastischen Gebilde hervorgebracht, deren letzte geologische Augenblicke wir miterleben dürfen. Der Vorrat an „Nachwuchs" solcher Naturwunder ist gesichert; vermutlich weit über die Zeit hinaus, die der Menschheit auf dem Erdball zugedacht ist.

Verborgene Wunder

Das Colorado-Plateau birgt unvergleichlich schöne Felslandschaften, berühmte und weniger bekannte Naturphänomene und auch versteckte, zunächst unsichtbare Felswunder – Wunder, die erst sichtbar werden, wenn die Steinsäge die Felsen öffnet und ihr Innerstes an das Tageslicht bringt. Es sind die versteinerten Sanddünen, die ihre Schönheit so hartnäckig verbergen. Die Steinbilder der aufgeschnittenen, zu Fels erstarrten Dünen haben etwas Verwirrendes an sich. Etwas Unwirkliches. Viele Betrachter empfinden diese Steinbilder als „unecht". Sie sind echt und faszinierend.

Die zeitliche Dimension ist es, die bei diesen Naturgemälden so unter die Haut geht. Eine versteinerte Sanddüne ist, wie ich es nennen möchte, eine „Momentaufnahme" von Bewegungen, die vor Jahrmillionen erstarrt sind.

Ein besonderes Highlight der Naturkostbarkeiten auf dem Colorado-Plateau sind die roten Sandsteinwände, Türme, Brücken und Bögen im „Arches National Park“ im Staate Utah.

Nach Angabe der Nationalparkbehörde ist der „Landscape Arch“ knapp mehr als 100 m lang. Doch die längste Naturbrücke der Welt ist einsturzgefährdet. Seit 1991 ein 20 m langes Felsstück herunterbrach, „bröselt“ es immer weiter.

Diese Formationen geben einen Hinweis auf die Entstehung der Besonderheiten im Arches-Park: Horizontal abgelagerte Sandsteinschichten bewegten sich auf dem weichen Untergrund riesiger Salzlager. Es entstanden dünne Rippen. Eis, Wasser, extreme Temperaturen und Wind modellierten seit Jahrmillionen diese Felsen zu grotesken Formen.

Bald nach Betreten des Parks erreicht man die „Petrified Dunes“. Aufgeschnitten bilden versteinerte Sanddünen atemberaubende Kunstwerke. Es sind „Momentaufnahmen“ von Bewegungen, die vor Jahrmillionen stattfanden.

Einen geologischen Sekundensplitter lang kann sich der „Balanced Rock" vielleicht noch halten. Gewitterregen – wie der auf dem Bild festgehaltene – nagen vehement an den Felsen.

Der berühmteste Bogen im Nationalpark ist der „Delicate Arch". Für die Minuten des Sonnenuntergangs versammeln sich allabendlich erwartungsvolle Fotografen auf der dem Bogen gegenüberliegenden Seite.

Im Abendglühen intensiviert sich die Farbe des „Delicate Arch“ in ganz besonderer Weise. Aus dem Hintergrund schimmern zart die Dreitausender der „La Sal Mountains“.

Und wenn man einmal beim Sonnenuntergang dem berühmten „Delicate Arch“ den Rücken kehrt, zeigt es sich, daß der Farbenzauber in dieser Sandstein-Zauberwelt unerschöpflich ist.

Für lange Zeit verharrt der Silberreiher in absoluter Reglosigkeit, bis er urplötzlich mit seinem dolchartigen Schnabel blitzschnell zustößt und sein Opfer findet: einen Fisch vielleicht, einen Frosch, eine Schlange?

EVERGLADES

Das Unvergleichliche zum Schluß! Der nordamerikanische Bilderbogen, den dieses Buch darstellt, ist weit gespannt und reich an landschaftlichen Höhepunkten. In jedem der behandelten Nationalparks habe ich versucht, in den Landschaften die charakteristischen Punkte und Ausschnitte aufzuspüren. In vielen Fällen bemühte ich mich, durch sehr selektive Blickwinkel das Ganze anzudeuten, das – in der notwendigen Beschränkung in einem Buch – nie vollständig ausgeführt werden kann. In der prächtigen Natur der Nationalparks war dies selten schwierig. Wer auch würde am Grand Canyon nicht einen Punkt finden, der das Atemberaubende dieser Schlucht widerspiegelt. Oder oben am „Bryce“ oder an den Gletscherküsten Alaskas?

Die Everglades sind in dieser Hinsicht unvergleichlich schwierig. Hier springt nichts Unübersehbares ins Auge. Hier stehen keine weltberühmten Naturmonumente. Die Everglades warten still und unaufdringlich auf die Fähigkeit des Betrachters, sich behutsam einfühlen zu können. Dazu muß er sich vor allem Zeit nehmen. Ein flüchtiger Blick in die Landschaft der Everglades zeigt nichts.

Der Everglades-Nationalpark breitet sich über einen Großteil der sumpfigen Südspitze Floridas mit seinem feuchtheißen subtropischen Klima aus. Die Küsten, die die Everglades säumen, waren die ersten, die die Entdekker in der Neuen Welt kennenlernten. Das Innere des Landes aber war so ziemlich das letzte, was der Weiße zu Gesicht bekam. Den Spaniern war die Gegend unheimlich. Die spanischen Kartographen, die das sumpfige, südlichste Florida nie betraten, nannten das Gebiet „El Laguno del Espiritu Santo“ – die Lagune des Heiligen Geistes. – Für die Spanier war das Gebiet mysteriös, hier vermuteten sie Reichtum, der selbst den unerschrockenen Spaniern unerreichbar bleiben würde. Der heutige Name Everglades wurde gebräuchlich, nachdem im Jahre 1819 die jungen USA Florida von den Briten erwarben. „Everglades“ entwickelte sich aus dem über tausend Jahre alten englischen Wort „glade“, was soviel wie offenes, grünes Gras im Wald bedeutet. Auf den frühen englischen Karten ist der Name „River Glades“ zu finden.

Dann im Jahre 1823 wurde – ohne daß man es erklären kann – aus River „Ever“. Von nun an fand sich auf allen Karten der Name „Everglades“. Indianer, die seit vielen Jahrhunderten in den Everglades lebten, gaben dem tropisch feuchten Gebiet, das sie perfekt kannten, einen poetischen Namen: „Pa-Hay-Okee“ was „Grasiges Wasser“ bedeutet. Und das ist es, was die Everglades sind! Vom Okeechobee-See, der 100 km nördlich der Everglades mit nur knappen fünf Metern über dem Meeresspiegel liegt, fließt ein „Fluß“ von mehr als 50 km Breite und der unwahrscheinlichen Tiefe von nur rund 15 cm nach Süden und mündet in die Florida Bay. In der modernen amerikanischen Literatur werden die Everglades „River of Grass“ genannt. Aus diesem sich unsichtbar bewegenden, vielleicht sollte man sagen, sickernden Wasser erheben sich Inseln, die – mit ihrer Höhe von wenigen Zentimetern – mit dem Auge wiederum kaum wahrnehmbar sind. Wohl aber sind sie am Unterschied der Vegetation erkennbar. Im feuchten „Grasflußland“ gedeiht weitflächig dichtes Sägegras. Auf den Erhebungen breiten sich Wälder mit schlanken, hochstämmigen Föhren aus, und alles ist plötzlich sehr trocken. Zwischen dem „grasigen Wasser“ und dem trockenen Waldboden beträgt der Höhenunterschied selten mehr als 20 cm! Bereits auf der Fahrt in den Nationalpark erlebt man anschaulich, wie flach die Everglades sind. Eine große Tafel am Straßen-

rand informiert darüber, daß man eben auf den „Rock Reef-Paß" gefahren sei, der mit 90 cm die höchste Erhebung der Everglades darstellt.
Auf den Erhebungen, die nur in Zentimeterhöhe aus dem nassen Grasland herausragen, den „hammocks" wie man sie nennt, gedeihen viele verschiedene Baumarten. Am imposantesten sind die Königspalmen. Der Südspitze Floridas fehlen zwar einige wenige Kilometer, um in die Tropen zu reichen, vieles an der Vegetation ist aber natürlich tropisch. Dicht und wild wächst im Hartholzdschungel, dort, wo das Sonnenlicht das Dickicht zu durchdringen vermag, eine Vielzahl schöner Farne. Der Gumbolimbo-Baum mit seiner bronzefarbigen Rinde ist in der üppigen Vegetation auf den „hammocks" besonders häufig vertreten. Oftmals ist der Baum über und über mit Bromelien besetzt.
Das unmerklich fließende Wasser sammelt sich auf seinem Wege zur Küste in Tümpeln und dunklen, seichten Seen. Aus dem Boden wachsen Seerosen und stämmiges Schilf. Diese Gewässer sind die Heimat des in Nordamerika am häufigsten vorkommenden Riesenreptils, des Alligators. Das „Amerikanische Krokodil" bevorzugt hingegen die Nähe des Salzwassers des Mangrovengürtels und der Küste.
Es ist ein spannendes Erlebnis, einen Alligator lautlos zwischen den grünen Blättern durch das spiegelglatte Wasser gleiten zu sehen. Angetrieben von kaum merklichen Schwanzbewegungen. Hin und wieder entdeckt man zwischen Blüten und Blättern das Augenpaar eines Alligators, der absolut reglos, weiß Gott wie lange schon auf der Lauer liegt. Doch kann sich der Alligator aus totalem Stillstand urplötzlich blitzartig schnell bewegen. So manchem Vogel, der am Ufer stolzierte oder auf dem Wasser landete, wurde dies zum Verhängnis.
Das Amerikanische Krokodil und auch der Amerikanische Alligator sind vermutlich von den Westindischen Inseln nach Florida gelangt. Für sie wurde, wie für viele andere Arten auch, der Everglades-Nationalpark das notwendige Schutzgebiet, um überleben zu können.
An den Wasserläufen, Lagunen und Tümpeln im Park, in denen man diese Tiere beobachtet, stellt man sich natürlich auch die Frage nach ihrer Gefährlichkeit. In den bewohnten Gebieten Floridas, in denen auch Alligatoren vorkommen, sind sie es mitunter gewöhnt, daß sie gefüttert werden. Dort sind die Tiere gefährlich und unberechenbar. In der freien Wildbahn, in der sie hier im Nationalpark leben, in ihrem natürlichen Umfeld, könnte sich eine Gefahr nur dann ergeben, wenn jemand einem Tier zu nahe kommt. Aber hat man diesem Urweltgeschöpf einmal ins Maul geschaut, kommt die Vorsicht ganz von selbst. – Natürlich sind Krokodile und Alligatoren besondere Attraktionen im Nationalpark.
Das, was aber vor allem den Fotografen in ständiger Hochspannung hält, ist die prachtvolle Vogelwelt.
Neben den in den Everglades zu beobachtenden Massenszenen mit dem scheinbar ziel- und planlosen Durcheinander an besonderen „Vogelbäumen", genoß ich vor allem das geduldig aufgelauerte, stille Porträt dieser Exoten.
Die Wasser-, Gras- und Waldlandschaft, gesäumt von den Küsten des Golfs von Mexico und des Atlantiks, war einmal, bevor der Weiße eingriff, schier unendlich. Die Stunde, von der an schließlich alles anders werden sollte, schlug zu Ostern 1513. Damals betrat der Entdecker Floridas, der Spanier Juan Ponce de Leòn, die Küste und nahm das Land für die Krone Spaniens in Besitz. Unendlich war die Zahl der Tiere, die

die Wildnis bewohnten und winzig die Zahl der Menschen, die an den Küsten lebten. Von nun an sollten die Urbewohner nie mehr zur Ruhe kommen, und über die Jahrhunderte sollte sich ihre Heimat bis zur Unkenntlichkeit verändern. Zunächst leisteten die Indianer den weißen Eindringlingen Widerstand. So vehement war ihr Kampf, daß selbst die abgebrühten Sklavenjäger von diesen Küsten abließen, wie wertvoll ein erbeuteter Sklave auch war. Die Stämme Südfloridas konnten sich so lange gegen die Weißen wehren, bis die Spanier Florida an Großbritannien abtraten. Nun mußten sich die Florida-Indianer gegen Stämme der Cree-Indianer zur Wehr setzen, die von den Briten aus den Südstaaten nach Florida abgedrängt worden waren. Ansteckende Krankheiten, die eingeschleppt wurden, schwächten weiter die Abwehrkraft der ansässigen Calusas. Die Calusa und die ebenfalls in Südflorida ansässigen Muskogi-Indianer wurden mit den hinzugekommenen Cree unter dem Begriff „Seminolen“ zusammengefaßt.
In immer größeren Zahlen drangen weiße Einwanderer in Südflorida ein und versuchten, die Seminolen gänzlich aus Florida zu vertreiben. Westlich des Mississippi schuf man Reservationen für sie. Bei der Wehrhaftigkeit dieser Indianerstämme führte dies zum entschlossenen Widerstand, zu den Seminolen-Kriegen. Die Kämpfe waren auf beiden Seiten sehr verlustreich. Aber wie in allen anderen Fällen auch, verloren die Indianer. Abkömmlinge der Seminolen leben heute noch in Südflorida.

Später drangen Ölsucher in die Wildnis der Everglades ein, und nachhaltiger als alles andere sollte sich die Jagd auswirken. Sie galt hauptsächlich den Alligatoren, die nahezu ausgerottet wurden. Je mehr weiße Siedler nach Südflorida kamen, desto emsiger wurde an der Trockenlegung der Sümpfe und des nassen Graslandes gearbeitet. Es war beinahe der letzte Augenblick, der dieser Landschaft noch geblieben war, als im Jahre 1947 der südlichste Teil der Everglades zum Nationalpark erklärt wurde.
In den gesamten USA gibt es keine vergleichbare Landschaft. Die Everglades sind in ihrer ökologischen Gesamtheit einzigartig. Damit wurde ein Riesenrefugium für zahllose Tierarten gerettet. Es wäre allein schon wert, den Nationalpark als Ausstellungsstück zu erhalten für das Rohmaterial, aus dem Südflorida entstanden ist, ein Naturmuseum, in das man reisen kann, um die unvergleichliche Tier- und Pflanzenwelt zu erleben. Aber das ist noch nicht der einzige, alleinige Sinn der Konservierung dieser Landschaft. Der wirkliche Grund liegt tiefer und entsprang dem menschlichen Gewissen. Der Everglades-Nationalpark und ähnliche Plätze bestehen, weil es den Menschen schließlich dämmerte, daß sich – von Generation zu Generation – die Grenzen der unberührten Natur immer enger ziehen. Die Erkenntnis setzte sich durch, daß wir in eine Welt aus Asphalt und Beton triften, daß sich die Lücken zwischen den Städten schließen und die bewohnbare Welt langsam zu einer Großstadt werden wird. Bis auf die Reste der Wildnisse, die es zu erhalten gilt.

„Pa-Hay-Okee“ nannten die Eingeborenen die Everglades, was soviel wie „grasiges Wasser“ bedeutet. Das ist tatsächlich der treffendste Name für den äußersten Süden Floridas.

Von unmerklichen Schwanzbewegungen angetrieben, gleitet der Alligator lautlos durch das Wasser.

Der Everglades-Nationalpark ist die letzte sichere Zufluchtsstätte des Riesenreptils „American Alligator". Hier kommt das Tier glücklicherweise noch recht häufig vor.

Ein Anhinga trocknet seine Flügel. Er wird auch Schlangenvogel genannt, denn schwimmend hält er seinen Kopf wie eine Wasserschlange aus den Fluten.

Der Kormoran gehört zu den 300 Vogelarten, die im Nationalpark ein sicheres Refugium gefunden haben.

Eine Mangroveninsel in der endlosen Weite der seichten Florida-Bay.

ÜBER DIE FOTOGRAFIE IN DIESEM BUCH

Aus der landschaftlichen Vielfalt der amerikanischen Nationalparks von Alaska bis zur Südspitze Floridas ergibt sich eine faszinierende fotografische Herausforderung. Nun liegen die Themen zu Bildblöcken geordnet auf dem Leuchttisch. Eine strenge Auswahl! Das Auswählen hat Wochen gedauert. Gletscherberge spiegeln sich in blauen Fjorden, dunkle Wälder kontrastieren mit Sanddünen. Wüstenboden steht den bunten Bergwiesen der Gebirge gegenüber. Geheimnisvolles Mauerwerk in engen Canyons erinnern an Indianervölker, die es längst nicht mehr gibt. Und wieder Kontraste: Indianer oder „Native Americans“, wie wir sie heute nennen, die aufs neue die Schluchten und Klüfte beleben. Die Riesenbäume der Sierra Nevada, die seit Jahrtausenden leben, und die Farbwunderwelt vor Jahrmillionen versteinerten Holzes. Die Felsarchitektur der Brücken und Bögen – atemberaubend.

Nicht minder vielfältig ist die Tierwelt in den Nationalparks. Entsprechend den Breitegraden und den Höhenlagen – von Lachse fischenden Grizzlys bis zu grimmig wirkenden Alligatoren.

Diese Bildauswahl ist das Ergebnis vieler Reisen zu allen Jahreszeiten. Weder zeitlich noch physisch oder mental ließe sich die Fülle der verschiedenen Plätze, die in diesem Buch behandelt sind, in einer Reise aneinanderreihen.

Die meiste Zeit, die ich für die hier gezeigten Bilder aufwandte, galt dem Warten auf „richtiges Licht“. Nur in einigen wenigen Fällen, wie am Grand Canyon oder im Arches-Park am „Balanced Rock“, hat ein glücklicher Zufall mitgespielt.

Wie in allen meinen Bildbänden bisher, habe ich auch in diesem, dem 13., versucht, die Weite der Landschaften durch Panoramabilder zum Ausdruck zu bringen. Neu in diesem Bildband sind Hochformat-Panoramabilder. Da das Aneinanderfügen von zwei Bildern die Weite einer Landschaft oft besser wiedergeben kann, als eine Aufnahme mit einem Superweitwinkel, habe ich in diesem Buch diese Erfahrung auch im Hochformat angewandt. Das Bild der Sequoien auf Seite 94 setzt sich aus zwei Hochformatbildern zusammen. Ebenso der Blick in den Bryce Canyon auf Seite 169. Aus drei Hochformatbildern ist auch das Bild auf Seite 173 zusammengesetzt. In diesen Fällen habe ich penibel genau mit dem Stativ gearbeitet. Obwohl an sich die meisten meiner „gewöhnlichen“ Panoramabilder ohne Stativ „freihand“ aufgenommen sind.

Die Aufnahmen, die in diesem Buch gedruckt sind, entstanden mit einer Leica und einer breiten Palette verschiedener Objektive, da die Brennweite für mich ein wichtiges Gestaltungsmittel darstellt. Sehr überlegt setze ich die unterschiedlichen Brennweiten ein, um die „Bildsprache“ wirkungsvoller zur Geltung zu bringen.

Hier eine Zusammenfassung der verwendeten Kameras und Objektive: Leicaflex, Leicaflex SL 2, Leica R 4, Leica R 5, Leica R 6 und Leica R 8.

Super-Elmar-R 1:3,5/15 mm	Macro-Elmarit-R 1:2,8/60 mm
Elmarit-R 1:2,8/19 mm	Apo-Macro Elmarit-R 1-2,8/100 mm
Vario-Elmar-R 1:3,5–4,5/28–70 mm	Apo-Telyt-R 1:3,4/180 mm
Elmarit-R 1:2,8/28 mm	Telyt-R 1:4/250 mm
Summicron-R 1:2/35 mm	Telyt-R 1:6,8/400 mm
Summilux-R 1:1,4/50 mm	Telyt-R 1:6,8/560 mm
Summilux-R 1:1,4/80 mm	Extender-R 2x
Elmarit-R 1:2,8/90 mm	Polarisationsfilter

Ich bin dem Verlag sehr dankbar, daß er die Verwendung so vieler Panoramabilder ermöglicht hat, und insbesondere Herrn Peter Salmutter für sein Bemühen, im Buchlayout den Bildern zusätzliche Wirkung zu verleihen.

Sollten Sie, verehrte Leserinnen und Leser, einmal unter meiner fotografischen Führung die Orte dieses Buches kennenlernen wollen, so gibt es dafür die Möglichkeit. Mit Kneissl Touristik, in A-4650 Lambach, führe ich in jedem Sommer Fototouren in den USA durch.

In der Ramsau am Dachstein veranstalte ich mehrmals im Jahr Fotowanderwochen und Fotoseminare. Informationen erhalten Sie im Sporthotel Matschner in A-8972 Ramsau am Dachstein oder bei der Firma Leica Camera AG in D-35606 Solms – Leica Akademie.

Die Deutsche Bibliothek – CIP-Einheitsaufnahme

Gsellmann, Hans:
Nationalparks der USA / Hans Gsellmann. – Graz/Austria :
Akad. Dr.- und Verl.-Anst., 2002
ISBN 3-201-01779-5

Buchgestaltung und Satz:
Akademische Druck- u. Verlagsanstalt, Graz
Reproduktion: Reprotec, Judendorf/Straßengel
Druck: STYRIAN, Hart bei Graz
Bindung: Ueberreuter, Korneuburg

Akademische Druck- u. Verlagsanstalt, Graz 2002
www.adeva.com

ISBN 3-201-01779-5
Printed in Austria